新일본어
능력시험

독해편

HOW TO 일본어능력시험 N2 - 독해편

지은이 문광자 · 오타 요시에 · 이누이 히로시 · 키다 카요코
펴낸이 안용백
펴낸곳 (주)도서출판 넥서스

초판 1쇄 발행 2010년 9월 15일
초판 2쇄 발행 2010년 9월 20일

출판신고 1992년 4월 3일 제311-2002-2호
121-840 서울시 마포구 서교동 394-2
Tel (02)330-5500 Fax (02)330-5555

ISBN 978-89-6000-968-4 18730
     978-89-6000-965-3 18730(세트)

저자와 출판사의 허락없이 내용의 일부를 인용하거나 발췌하는 것을 금합니다.
저자와의 협의에 따라서 인지는 붙이지 않습니다.

가격은 뒤표지에 있습니다.
잘못 만들어진 책은 구입처에서 바꾸어 드립니다.

www.nexusbook.com
넥서스Japanese는 (주)도서출판 넥서스의 일본어 전문 브랜드입니다.

HOW TO
新 일본어 능력시험
능력시험

문광자·오타 요시에·이누이 히로시·키다 카요코 지음

독해편

N2

넥서스 JAPANESE

독해에서 합격점을 받으려면 어떻게 하면 좋을까요?

여러분 중에는 일본어 실력이 있는데도 국어를 잘 못해서 독해 점수가 늘지 않는 분도 있을 것이고, 국어는 잘하지만 한자 실력이 약해서 장문을 보기만 해도 읽을 마음이 생기지 않는 분도 있을 겁니다. 또한, 일본어 어휘나 이해도가 부족해서 좋은 점수를 받지 못하는 분도 있을 것입니다.

이러한 이유로 독해를 어렵게 느끼는 사람은 물론 독해는 자신 있다는 사람에게도 유익한 연습이 될 수 있도록 이 책은 만들어졌습니다.

다양한 소재를 바탕으로 만들어진 80개 이상의 텍스트를 풀어 나가면서, 저절로 새로운 일본어능력시험의 출제 경향을 알 수 있게 될 것입니다. 또한 폭넓고 풍부한 테마로 구성하여 어떠한 장르의 문장에도 대응할 수 있게 하였습니다. 그리고 하나 하나의 텍스트는 단순한 읽을거리로도 재미있게 읽을 수 있도록 고안하였기 때문에, 단순히 문제만 푸는 것이 아니라 몇 번이고 반복해서 읽으면서 문장을 충분히 음미해 주세요. 한 번 읽고 몰랐던 것이나 인식하지 못한 것도 두 번, 세 번 반복해서 읽다 보면 알게 된다는 것을 체험하셨으면 좋겠습니다.

독해 시험은 200자, 500자, 700자, 900자 내외의 문장들을 한정된 시간 안에 읽어 나가야 합니다. 한 번에 이만한 분량의 문장을 읽는 것만으로도 상당한 에너지가 필요합니다. 평소에 많은 것을 읽으려고 노력하고 조금씩 독서량을 늘려서 장문을 읽는 데 익숙해져야 합니다.

특히 2010년부터 새로 도입된 통합이해(복수의 텍스트를 읽고 비교하는 문제)나 정보 검색(정보 소재로부터 필요한 정보를 찾아내는 문제)은, 지금까지의 장문 독해 형식과는 크게 다르므로 실제로 문제를 풀면서 숙달할 필요가 있습니다.

이 책을 독파하고 여러 번 텍스트를 읽으며 문제를 푸는 연습을 반복한다면, 실제 시험에서 새로운 텍스트를 대하더라도 어떠한 질문을 할지 대체로 예상이 될 것입니다. 본서 공부와 병행해 신문 기사, 컬럼, 광고, 잡지 등 다양한 문장을 접해 보고 좋은 문장이 있으면 꼼꼼히 차분하게 읽읍시다. 문장을 즐길 여유가 생길 때까지 무조건 많이 읽고 생각하는 것이 중요합니다. 읽는 것을 귀찮아하지 말고 매일 무언가 읽는 습관을 들이세요. 그러다 보면 어느새 독해는 어렵다는 의식이 사라질 것입니다. 노력한 만큼, 그것은 여러분의 자신감으로 이어집니다!

이 책으로 열심히 공부한 여러분의 합격을 진심으로 기원하며 건투를 빕니다.

저자일동

차례

머리말	4
신일본어능력시험 안내	6
구성 및 특징	10
독해를 잘하기 위한 힌트 5	12

PART 1   내용 이해(단문)
- 유형분석 및 예제 풀이   16
- 실전 예상문제   19

PART 2   내용 이해(중문)
- 유형분석 및 예제 풀이   36
- 실전 예상문제   40

PART 3   종합 이해
- 유형분석 및 예제 풀이   72
- 실전 예상문제   76

PART 4   주장 이해(장문)
- 유형분석 및 예제 풀이   90
- 실전 예상문제   94

PART 5   정보 검색
- 유형분석 및 예제 풀이   108
- 실전 예상문제   112

파이널 모의테스트	1회	124
	2회	142
	3회	160
실전 예상 문제 정답 및 해석		180
파이널 모의테스트 정답 및 해석		228
정답		260

신일본어 능력시험에 관하여

1. 시험 대상, 주최, 시기
- **대상** 원칙적으로 일본어를 모국어로 하지 않는 사람을 대상으로 한다.
- **주최** 国際交流基金、日本国際教育支援協会(http://www.jlpt.or.kr) 참고
- **실시 시기** 연 2회 (매년 7월 첫째 일요일, 12월 첫째 일요일)

2. 언어 커뮤니케이션 능력을 측정한다.
新시험에서는 문자/어휘/문법과 같은 언어 지식과, 이러한 언어 지식을 이용한 읽기와 듣기를 통해 과제 수행을 위한 언어 커뮤니케이션 능력을 측정한다.

新시험에서는 '과제 수행을 위한 언어 커뮤니케이션 능력'을 아래와 같이 '언어 지식', '독해', '청해'의 세 가지로 나누어 측정한다.

언어 지식	과제 수행에 필요한 일본어 문자/어휘나 문법에 관한 지식
독해	언어 지식을 이용하면서 문자 텍스트를 이해하여 과제를 수행하는 능력
청해	언어 지식을 이용하면서 음성 텍스트를 이해하여 과제를 수행하는 능력

*해답은 다지 선택(객관식)에 의한 마크시트 방식(OMR카드)으로 시행한다. 직접 말하거나 쓰는 능력을 측정하는 시험 과목은 없다.

3. 5단계 레벨
新시험에서는 레벨을 기존 4단계(1급, 2급, 3급, 4급)에서 5단계(N1, N2, N3, N4, N5)로 늘렸다. 크게 달라진 점은 현행 시험의 2급과 3급 사이에 N3 레벨을 새롭게 만든 것이다.

〈新일본어능력시험(2010년부터 시행)〉

레벨	개정 인정 기준		개정전 인정 기준
N1	기존 1급보다 조금 어려운 수준. 합격 라인은 기존 시험과 거의 동일함	1급	고도의 문법·한자(약 2,000자)·어휘(약 10,000어)를 습득하여, 사회 생활이 가능한 수준. 대학에서 학습·연구가 가능한 종합적인 일본어 능력(약 900시간 학습한 레벨)
N2	기존 2급 수준	2급	다소 수준 있는 문법·한자(약 1,000자)·어휘(약 6,000어)를 습득하여 일반적인 회화가 가능하며 읽고 쓸 수 있는 능력(약 600시간 학습하고 중급 일본어 코스를 마친 레벨)
N3	기존 2급과 3급의 사이 수준 (신설 급수)		
N4	기존 3급	3급	기본적인 문법·한자(약 300자 정도)·어휘 (약 1,500어 정도)를 습득하여 일상적인 회화가 가능하며 간단한 문장을 읽고 쓸 수 있는 능력(약 300시간 학습하고 초급 일본어 코스를 마친 레벨)
N5	기존 4급	4급	초보적인 문법·한자(약 100자 정도)·어휘(약 800어)를 습득하여, 일상적인 회화가 가능하며 간단한 문장을 읽고 쓸 수 있는 능력(약 150시간 학습하고 초급 일본어 코스를 마친 레벨)

*N은 NIHONGO, NEW를 뜻함

4. 검정의 목표

레벨	검정 목표
N1	다양한 상황에서 사용하는 일본어를 이해할 수 있다. **読む** ● 폭넓은 화제에 관해 쓴 신문 논설, 평론 등 논리적이고 약간 복잡한 문장이나 추상적인 문장을 읽고, 문장의 구성이나 내용을 이해할 수 있다. ● 내용이 다양한 화제로 이루어져 있으며 깊이가 있는 글을 읽고, 이야기 흐름이나 표현 의도를 이해할 수 있다. **聞く** ● 폭넓은 상황에서 쓸 수 있는 회화나 뉴스, 강의를 자연스러운 속도로 듣고, 이야기의 흐름이나 내용, 등장인물의 관계나 내용의 논리 구성 등을 상세하게 이해하거나, 요지를 파악할 수 있다.
N2	일상생활에서 사용하는 일본어를 이해하며, 추가적으로 보다 폭넓은 상황에서 쓰이는 일본어를 어느 정도 이해할 수 있다. **読む** ● 폭넓은 화제에 관해 쓴 신문이나 잡지 기사・해설, 평이한 평론 등, 논지가 명쾌한 문장을 읽고 문장의 내용을 이해할 수 있다. ● 일반적인 화제에 관한 글을 읽고, 이야기의 흐름이나 표현 의도를 이해할 수 있다. **聞く** ● 일상적인 상황에 폭넓은 상황까지 더해, 거의 자연스러운 속도로 회화나 뉴스를 듣고, 이야기의 흐름이나 내용, 등장인물의 관계를 이해하거나 요지를 파악할 수 있다.
N3	일상적인 장면에서 쓰는 일본어를 어느 정도 이해할 수 있다. **読む** ● 일상적인 화제에 관해 쓴 구체적인 내용을 나타낸 문장을 읽고 이해할 수 있다. ● 신문의 표제 등에서 정보의 개요를 파악할 수 있다. ● 일상에 자주 등장하는 범위 안에서 난이도가 조금 높은 문장이라면, 바꿔 말할 수 있는 표현이 주어졌을 때 요지를 이해할 수 있다. **聞く** ● 일상적인 상황에서, 조금 자연스러운 속도의 회화를 듣고 이야기의 구체적인 내용을 등장인물의 관계 등에 맞춰서 거의 이해할 수 있다.
N4	기본적인 일본어를 이해할 수 있다. **読む** ● 일상생활 속에서 기본적인 어휘나 한자로 쓴 친숙한 화제의 문장을 읽고 이해할 수 있다. **聞く** ● 일상적인 상황에서 조금 천천히 말하는 회화라면 내용을 거의 이해할 수 있다.
N5	기본적인 일본어를 어느 정도 이해할 수 있다. **読む** ● 히라가나와 가타카나, 일상생활에서 쓰는 기본적인 한자로 쓴 정형적인 어구나 글, 문장을 읽고 이해할 수 있다. **聞く** ● 교실이나 신변 등, 일상생활 중에서도 자주 만나는 장면에서 천천히 이야기하는 짧은 회화라면 알아들을 수 있다.

5. 시험 과목과 득점 범위

레벨	시험 과목		시험시간	득점 범위
N1	1교시	언어 지식(문자·어휘, 문법)	110분	0~60점
		독해		0~60점
	2교시	청해	60분	0~60점
		누계	170분	0~180점
N2	1교시	언어 지식(문자·어휘, 문법)	105분	0~60점
		독해		0~60점
	2교시	청해	50분	0~60점
		누계	155분	0~180점
N3	1교시	언어 지식(문자·어휘)	30분	0~60점
	2교시	언어 지식(문법), 독해	70분	0~60점
	3교시	청해	40분	0~60점
		누계	140분	0~180점
N4	1교시	언어 지식(문자·어휘)	30분	0~120점
	2교시	언어 지식(문법), 독해	60분	
	3교시	청해	35분	0~60점
		누계	125분	0~180점
N5	1교시	언어 지식(문자·어휘)	25분	0~120점
	2교시	언어 지식(문법), 독해	50분	
	3교시	청해	30분	0~60점
		누계	105분	0~180점

* N1, N2, N3에서는 〈언어 지식(문자, 어휘, 문법)〉, 〈독해〉, 〈청해〉의 득점 범위는 각각 0~60점으로, 세 개를 합한 종합 득점의 범위는 0~180점이다. 〈언어 지식(문자, 어휘, 문법)〉, 〈독해〉, 〈청해〉가 종합 득점에서 차지하는 비율은 1 : 1 : 1이다.

* N4, N5에서는 〈언어 지식(문자, 어휘, 문법), 독해〉의 득점 범위는 0~120점, 〈청해〉의 득점 범위는 0~60점으로, 두 개를 합한 종합 득점의 범위는 0~180점이다. 〈언어 지식(문자, 어휘, 문법), 독해〉와 〈청해〉의 종합 득점에서 차지하는 비율은 2 : 1이 된다. 즉, 〈언어 지식(문자, 어휘, 문법), 독해〉의 득점은 〈언어 지식(문자, 어휘, 문법)〉과 〈독해〉로 나눌 수 없다.

6. N2 시험 내용 분석

시험 과목 (시험 시간)	영역		소구분		문제 수	문제의 구성
언어지식 · 독해 (105분)	문자 · 어휘	1	한자 읽기	◇	5	한자로 쓰인 단어의 읽는 방법을 묻는다
		2	표기	◇	5	히라가나로 쓰인 단어를 한자로 어떻게 쓰는지 묻는다
		3	어형성	◇	5	파생어와 복합어의 지식을 묻는다
		4	문맥 규정	○	7	문맥에 따라 뜻이 규정되는 말이 무엇인지를 묻는다
		5	유의어	○	5	출제된 단어나 표현과 의미적으로 가까운 단어나 표현을 묻는다
		6	용법	○	5	출제어가 문장 안에서 어떻게 쓰였는지 묻는다
	문법	7	문의 문법 1 (문법 형식의 판단)	○	12	문장의 내용에 맞는 문법 형식인지 판단할 수 있는가 묻는다
		8	문의 문법 2 (문장의 구성)	◆	5	전체적으로 바르고 의미가 통하는 문장을 구성할 수 있는지를 묻는다
		9	문장의 문법	◆	5	글의 흐름에 맞는 문장인지 판단할 수 있는지를 묻는다
	독해	10	내용 이해(단문)	○	5	생활, 업무 등 여러 가지 화제를 포함한 설명문과 지시문 등 200자의 텍스트를 읽고, 내용을 이해할 수 있는지를 묻는다
		11	내용 이해(중문)	○	9	비교적 평이한 내용의 평론, 해설, 에세이 등 500자 정도의 텍스트를 읽고, 인과 관계와 이유, 개요나 필자의 생각 등을 이해할 수 있는지를 묻는다
		12	종합 이해	◆	2	비교적 평이한 내용의 복수의 텍스트(합계 약 600자)를 비교하면서 읽고, 비교, 종합하면서 이해할 수 있는지를 묻는다
		13	주장 이해(장문)	◇	3	논리 전개가 비교적 명쾌한 평론 등 900자 정도의 텍스트를 읽고, 전체적으로 전하려고 하는 주장과 의견을 파악할 수 있는지 묻는다
		14	정보 검색	◆	2	광고, 팸플릿, 정보지, 비즈니스 문서 등의 정보 소재(약 700자) 속에서 필요한 정보를 찾아낼 수 있는지를 묻는다
청해(50분)		1	과제 이해	◇	5	텍스트를 듣고 내용을 이해할 수 있는지 어떤지를 묻는다(구체적인 과제 해결에 필요한 정보를 알아듣고, 다음에 무엇을 하는 것이 적당한지 이해할 수 있는가를 묻는다)
		2	포인트 이해	◇	6	텍스트를 듣고 내용을 이해할 수 있는지 어떤지를 묻는다(사전에 제시된 질문이나 상황을 근거로 포인트를 압축해서 들을 수 있는지를 묻는다)
		3	개요 이해	◇	5	텍스트를 듣고 내용을 이해할 수 있는지 어떤지를 묻는다(텍스트 전체에서 화자의 의도와 주장 등을 이해할 수 있는지를 묻는다)
		4	즉시 응답	◆	12	질문 등의 짧은 말을 듣고 적절한 응답을 선택할 수 있는가 묻는다
		5	종합 이해	◇	4	긴 텍스트를 듣고 복수의 정보를 비교, 종합하면서 내용을 이해할 수 있는지 묻는다

◆ 기존 시험에서 출제되지 않았으나 새롭게 추가된 유형
◇ 기존 시험에서도 출제되고 있으나 형식을 부분적으로 바꾼 유형
○ 기존 시험에서도 출제되고 있는 유형

구성 및 특징

1. 각 파트별 다량의 연습문제를 통해 신 유형 완벽 대비
철저한 유형 분석을 통해 만든 연습문제는 실전에서 더욱 위력을 발휘한다.

2. 실전과 똑같은 구성의 파이널 모의테스트 3회 제공
마무리 점검을 통해 자신감을 갖고 실전에 대비할 수 있게 하였다.

3. 독해 능력 향상을 위한 5가지 힌트
독해 고득점을 올리기 위해 꼭 알아야 할 5가지 힌트를 제공한다.

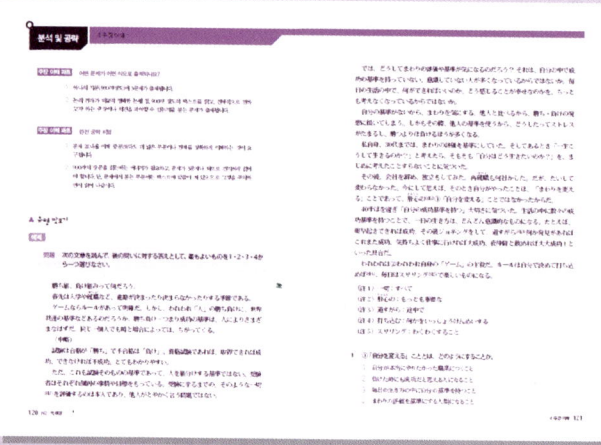

● 분석 및 공략
각 파트별로 문제 출제 형식과 문제 공략 비법을 소개하고, 예제를 통한 유형 분석을 통해 실전 대비를 할 수 있게 하였다.

● 실전 예상 문제
각 파트별로 실전 예상 문제를 집중적으로 접함으로써, 각 파트의 문제 유형을 파악할 수 있게 하였다.
가능한 한 시간을 정해 놓고 반복해서 풀어보는 것이 좋다.

○ 파이널 모의테스트 3회
각 파트별 학습을 끝내고 도전해 보자. 자신의 독해 실력을 총 점검할 수 있는 최고의 기회이다.

○ 실전 예상 문제 해석 및 정답
각 파트별 실전 예상 문제를 풀어 보고 정답을 확인해 보자.

○ 모의 테스트 해석 및 정답
파이널 모의테스트의 해석과 정답이 실려 있다.
자신이 한 해석과 비교하면서 정답을 확인해 보자.

독해를 잘하기 위한 Hint 5

HINT 1 　키워드를 찾는다

문장의 내용을 파악하기 위해서는 키워드를 찾는 것이 중요하다.

키워드를 찾는 힌트

- 우선 문장 중에 많이 나오는 단어에 주목한다.
- 많이 나오는 단어 중에서도 일부에만 나오는 단어보다도, 문장 전체에 걸쳐서 나오는 단어 쪽이 중요하다.
- 문장의 일부에만 나오는 단어의 경우에는, 문장의 처음과 마지막에 나오는 단어가 중요하다.
- 또한 키워드와 완전히 같은 단어가 아니어도, 비슷한 단어에도 주의하면서 단어를 이어나가면 이야기의 흐름을 알게 된다.
- 비슷한 단어뿐만 아니라 키워드와 반대의 뜻을 가진 단어도 내용을 이해하는 데 도움이 된다.

HINT 2 　문장의 요점과 대의를 파악한다

① 텍스트를 읽고 요약하는 연습을 한다. 요약하려면 필요 없는 부분을 없애고, 중요한 부분만을 남겨야 하기 때문에, 스스로 키워드를 파악하는 데 많은 도움이 된다.

② 읽을 때는 필자가 말하고 싶은 것이 무엇인지를 생각하면서 읽도록 하고, 텍스트 내용을 이해하였다면 다음은 이 문장에서 무엇이 문제가 되고 있는지를 간파해야 한다. 논점을 나타내는 문장은 보통 '어떤 이야기인지'를 설명하는 서문이 끝난 직후에 오는 경우가 많고, 의문문이나 의문을 느끼게 하는 문장으로 되어 있다.

③ 단, 쉽게 대답할 수 있는 질문은 문장 전체의 질문이 아닐 경우도 있기 때문에, 질문에 대한 대답이 문장 전체에서 자세하게 설명하고 있는 것을 찾을 필요가 있다.

④ 역사적인 것을 다룬 문장에서는 문장에 나오는 사건의 순서를 중요시한다. '同年(같은 해), 前年(전년), 翌年(다음 해)' 등과 같은 시간을 나타내는 말은 빠짐없이 확인하고, 사건의 전후 관계를 이해해 둬야 한다.

⑤ その結果(그 결과), そのため(그 때문에), それによって(그것에 의해), ~からである(~때문이다) 등의 표현이 나오면, 무엇이 원인으로 일어난 것인지, 결과와 그 영향 등 사건과의 인과관계를 의식하면서 읽는 것이 포인트이다.

HINT 3 　복수의 텍스트를 비교하며 읽는다

1. 문장이 두 가지 입장에서 쓰인 경우

    어떤 사항에 대하여 찬성인지 반대인지를 논하는 텍스트는 내용을 서로 혼동하지 않도록 주의해야 한다. 어떤 주장을 하고 있는지, 제대로 읽어 내는 것이 중요하다. 따라서 찬성과 반대의 의견을 각각 색을 다르게 하여 구분하거나, 두 줄이나 물결선 등으로 구분하거나, 알아 보기 쉽게 동그라미를 치는 것도 하나의 방법이다.

특히 주의할 표현
- **대비를 나타냄**
  一方(한편), それに対して(그에 비하여), 他方で(다른 한편으로), 反対に(반대로), 逆に(역으로), 反面(반면), しかし(그러나), むしろ(오히려), だが(그렇지만) 등

- **필자와 대립하는 주장, 양보를 나타냄**
  確かに(분명히), もちろん(물론), なるほど(과연) 등의 부사
  わかる(알다), 認める(인정하다), ~だろう(~일 것이다), かもしれない(~일지도 모른다), ~という見方がある(~라는 견해가 있다), ~という意見もある(~라는 의견도 있다), ~と思われている(~라고 여겨지고 있다) 등의 문말 표현.

- **필자의 주장에 대한 역설을 나타내는 단어 :**
  しかし(그러나), だが(그렇지만), けれども(하지만), ところが(그런데), ただ(다만), ~にもかかわらず(~임에도 불구하고) 등의 접속사

2. 상담자의 상담과, 그에 대한 두 회답자의 코멘트가 나온 경우
   우선 상담 내용을 파악해야 한다. 상담자의 취지를 염두에 두고 그에 대해 회답자가 동의하고 있는지, 반대 의견을 논하고 있는지를 파악한 뒤, 회답자의 제안이나 의견을 잘 읽고 판단해야 한다.

제안을 나타내는 표현
- ~ほうがよいと思います(~하는 편이 좋을 겁니다)
- ~てはどうでしょうか(~하는 것은 어때요?)
- ~してみてはいかがでしょうか(~해 보는 것은 어떨까요?)
- ~かもしれません(~일지도 모릅니다)
- 인터넷 뉴스 등을 참고로 하여, 같은 기사를 다른 신문에서 어떻게 다루고 있는지를 비교하며 읽는 것도 아주 좋은 공부이므로 각 기사의 공통점과 차이점을 찾아보는 연습을 해 보자.

HINT 4 장문 독해를 위해

1 긴 문장을 정리하여 이해하기 위해서는 열거 구조와, 이를 나타내는 단어를 의식해서 읽는 것이 중요하다.
① 시간적인 제약이나 순서 등을 나타내는 말에 주의한다.
   まず(우선), 最初に(처음에), 次に(다음으로), 続いて(계속하여), 次いで(이어서), さらに(더욱이), そして(그리고), 最後に(마지막으로) 등
② 앞부분에 전제하는 말을 쓴 다음에 구체적인 내용이 나온다.
   具体的には(구체적으로는), 例えば(예를 들면), 問題点は大きく分けて三つある(문제점은 크게 나누어 3가지이다) 등

독해를 잘하기 위한 Hint 5

③ 문제점 등을 제시할 때 등에 접속사가 쓰인다.
   まず(우선), また(또), さらに(더욱이), そして(그리고) 등

2. 제목을 생각한다
① 제목에 키워드가 들어 있는 경우가 많다는 것도 간과할 수 없다. 인용문의 경우 제목이 명기되어 있기 때문에, 그것도 참고해 둔다.
텍스트를 읽을 때는 '이 문장에 제목을 붙인다면'이라는 것을 염두에 두고 읽으면 좋다. 이 문제집의 텍스트에도 제목을 붙이는 연습을 하자. 제목을 붙이려면 키워드를 찾고 문장의 흐름을 파악해야 하므로 일석이조이다.

② 읽으면서 모르는 부분이 나와도 멈추지 말고, 앞뒤 문장을 통해 모르는 부분을 유추하거나, 알고 있는 부분으로 모르는 곳을 추측하는 등 계속 읽어 나가야 한다. 항상 앞으로 어떤 내용이 이어질지를 예측하면서 읽는 것이 중요하다.

HINT 5 '읽는다'기보다는 전체를 보기

어떤 정보를 얻고자 할 때는 한 자 한 자 꼼꼼하게 '읽는다'기보다 '본다'는 느낌으로 시야를 넓혀 전체를 시각적으로 파악한다. 정보를 재빠르게 파악하기 위해서는 필요한 것과 필요하지 않은 것을 즉시 판단하고, 필요 없는 부분은 건너뛰어야 한다.

그것은 우리들이 실생활에서 항상 하고 있는 것으로, 예를 들면 도로 표식을 볼 때, 사전에서 모르는 단어를 찾을 때, 지도에서 가고 싶은 곳을 찾을 때, 메뉴를 보고 주문할 때, 영화 광고지나 팸플릿을 볼 때, 앙케트를 훑어 볼 때, 부동산 정보를 보고 집을 찾을 때, 안내 게시판을 볼 때, 책을 고를 때가 있다. 또 광고 문구, 관광 안내, 입학 안내, 호텔이나 교통수단의 예약, 신문의 방송 편성표, 박물관·미술관·도서관의 안내문과 같은 다양한 자료를 읽을 때 모든 것이 교재가 될 수 있다.

모국어와 비슷한 속도로 일본어 텍스트가 보일 때까지, 다양한 방법으로 조금씩 훈련을 거듭하고, 또한 문제를 풀 때도 어느 정도의 시간을 정해 풀고, 두 번 째는 시간을 짧게 해서 한 번 더 풀어 보거나, 텍스트를 푸는 데 몇 분 걸렸는지를 체크해 두면 좋다.

＊참고

신일본어능력시험(NEW JLPT)에 관한 정보는 다음 사이트에서 확인해 볼 수 있다.
The Japan Foundation, Seoul

국제교류기금 서울문화센터	http://www.jpf.or.kr/japanese/
일본어능력시험 실시위원회	http://www.jlpt.or.kr/
재단법인일본국제교육지원협회	http://www.jees.or.jp/jlpt/

PART 1

내용 이해 (단문)

N2

분석 및 공략   1 내용 이해 (단문)

내용 이해 파트 어떤 문제가 어떤 식으로 출제되나요?

1. 내용이해 단문이 5문제. 각 텍스트에 대하여 1문제씩 출제됩니다.

2. 텍스트는 신문기사나 칼럼, 다양한 서적에서 발췌하여 생활·일 등 다양한 화제나 설명문, 지시문 등, 200자 정도의 가장 짧은 문장입니다. 텍스트의 전체적인 내용을 이해할 수 있는지를 묻는 문제나, 세세한 부분을 주의 깊게 읽어서 정확하게 이해할 수 있는지를 보는 문제가 나옵니다.

내용 이해 파트 완전 공략 비법

1. 우선 문제를 읽고 무엇을 답으로 요구하는지를 머리에 넣어 둡니다.

2. 「문제 1 내용 이해 파트」에서는 '필자가 말하고 싶은 것은 무엇인가' '필자의 생각에 가까운 것은 무엇인가'와 같은 필자의 생각을 묻는 형식의 문제와, '(키워드나 특정한 말 등)은 어떠한 것인가' '~에 대하여 어떻게 설명하고 있는가'와 같은 형식으로 문제가 나오므로, 텍스트의 대의를 이해하고 이 문장에서 말하고 싶은 것은 무엇인지를 확실히 파악하는 것이 중요합니다. 어려운 어휘는 텍스트 아래에 주석이 달려 있으며, 비교적 읽기 쉬운 문장이므로 위망업하는 마음으로 읽어 나가세요.

3. 단문이므로 1~4의 답을 텍스트와 비교하면서 체크해 나가면 그다지 어려운 점은 없을 것입니다.

유형 맛보기

예제

問題　次の文章を読んで、後の問いに対する答えとして最もよいものを、1・2・3・4から一つ選びなさい。

（前略）「仕事ができる人」と「できない人」のいちばんの違いは何だろうか。私がいろいろな仕事で接してきた「できる人」に共通している特徴は、「自分の能力特性の分析」がうまいということだ。

まず、自分は何が得意で、何が不得意なのかを分かっている。もちろんオールマイティー(注1)にあらゆる仕事をこなす(注2)エリートもいるのだろうが、たいていの人は、「仕事の得手、不得手」を持っている。そのうえで、「得意な仕事」を積極的にこなし、「不得意な仕事」からは上手に逃げている人が、実は「仕事ができる人」と評価されるのだ。

(和田秀樹『頭をよくするちょっとした『習慣術』』による)

(注1) オールマイティー：どんなことも完全にできること
(注2) こなす：処理する

問い　この筆者から見た「仕事ができる人」の特徴はどんなことか。

1　自分に向いている仕事は一生懸命にやり、向いていない仕事からはうまく逃げること
2　自分の能力特性を高めるための努力をいつも忘れず、何にでも積極的に取り組むこと
3　オールマイティーに仕事をしている人のやり方を見習い、不得手なことを克服すること
4　始めに仕事が自分の能力に合っているかを分析し、あらゆる仕事を上手にこなすこと

예제 풀이

예제

 해석

다음 문장을 읽고 뒤에 이어지는 물음에 대한 답으로 가장 알맞은 것을 1·2·3·4에서 하나 고르시오.

> (전략) '일을 잘하는 사람'과 '못 하는 사람'의 가장 큰 차이는 무엇일까? 내가 여러 가지 일에서 접해 온 '잘하는 사람'에게 공통된 특징은 '자신의 능력 특성의 분석'을 잘한다는 것이다.
> 우선 자기가 무엇이 자신 있고, 무엇이 자신 없는지를 알고 있다. 물론 전지전능(주1)하게 모든 일을 해치우는(주2) 엘리트도 있겠지만, 대부분의 사람은 '일에 대해서 잘함, 못함'을 가지고 있다. 게다가 '자신 있는 일'을 적극적으로 처리하고, '자신 없는 일'에서는 잘 회피하는 사람이 실은 '일을 잘하는 사람'이라고 평가를 받는 것이다.
>
> (와다히데키『머리를 좋게 하는 작은「습관술」)

(주1) オールマイティー(전지전능) : 어떤 것이든 완전히 할 수 있는 것
(주2) こなす : 처리하다

이 필자가 본 '일을 잘하는 사람'의 특징은 어떤 것인가?

1. 자신에게 맞는 일은 열심히 하고 맞지 않는 일은 잘 회피하는 것
2. 자신의 능력 특성을 높이기 위한 노력을 항상 잊지 않고, 무엇이든지 적극적으로 대처하는 것
3. 전지전능하게 일하는 사람의 방식을 배워 자신 없는 것을 극복하는 것
4. 처음에 일이 자신의 능력에 맞는지를 분석하고, 모든 일을 잘 처리하는 것

 풀이

텍스트 마지막에「得意な仕事」를 積極的에 こなし、「不得意な仕事」からは上手に逃げている 人が、実は「仕事ができる 人」('자신 있는 일'을 적극적으로 처리하고, '자신 없는 일'에서는 잘 피하는 사람이 실은 '일을 잘하는 사람')라고 나와 있으므로, 1번 '자신에게 맞는 일은 열심히 하고 맞지 않는 일은 잘 피하는 것'이 정답이입니다.
'できる 人(잘하는 사람)'에게 공통된 특징은, '自分の能力特性の分析(자신의 능력 특성의 분석)'을 잘한다고 되어 있지만, 문제에서 요구하는 답은 어디까지나 필자가 본 '일을 잘하는 사람'이라는 것에 주목해야 합니다.
이 문제에서는 일반적인 생각과 필자의 생각을 구별하여 읽는 것이 중요하다고 할 수 있겠습니다.

정답_1 自分に向いている仕事は一生懸命にやり、向いていない仕事からはうまく逃げること
(자신에게 맞는 일은 열심히 하고 맞지 않는 일은 잘 회피하는 것)

問題　次の文章を読んで、後の問いに対する答えとして最もよいものを、1・2・3・4から一つ選びなさい。

　　節約とは何でしょうか。私の考える節約とは、「今」本当に必要なものしか買わないということです。この決まりを守り始めて以来、家の中は不必要なものがなくなりました。その結果、非常にシンプルな生活になりました。支出も以前と比べ圧倒的に少なくなっています。そして、もし何か欲しいものがあった時は再びこう自分に問いかけます。本当に「今」必要なものなのかと。大体ここで買わない決断をします。本当に必要なものでも「今」必要かどうかということを検討することが大切だと思います。

問　筆者は節約するのに大切なことは何だと述べているか。
1　これから必要だと思うものだけを買うこと
2　生活をシンプルにして支出を減らすこと
3　いつも今本当に必要かどうか考えること
4　何か欲しくなっても買わないこと

問題　次の文章を読んで、後の問いに対する答えとして最もよいものを、1・2・3・4から一つ選びなさい。

　背の高さ、頭の形、体の向き、ベッドの固さなど、ぐっすり眠れる条件は人それぞれです。しかも、日々変化するといっても過言ではありません。私たち人間は、立っている姿勢が最も体に負担を与えないと言われています。このとき、体は背中の骨全体で大きくS字を描いていて、その中でも首のカーブと腰のカーブを正しく保つことが重要とされています。この立っているときと同様の自然な状態を保つために、つまりぐっすり眠るために欠かせないのが、枕なのです。

問　枕にはどんな効果があると筆者は述べているか。
1　体の向きや頭の形などを固定し、体の重さを軽くしてくれる。
2　腰のカーブをS字に保ってくれる。
3　ぐっすり眠れる条件は人それぞれ違うが、それを統一してくれる。
4　首のカーブを保ち、立っているときと同じような状態にしてくれる。

実戦 予想 問題 — 1 内容理解（短文）3

問題　次の文章を読んで、後の問いに対する答えとして最もよいものを、1・2・3・4から一つ選びなさい。

　　郵便物の配達には「普通便」と「速達便」がある。速達は言葉通り、速く配達してくれるサービスだが、普通便とどう違うのだろうか。
　　実は速達は他の郵便物より少し優先する程度で、ポストからの回収や郵便局間の輸送スピードは変わらない。違うのは相手方の配達局からで、日曜日や祝日も配達される。また、普通便だと1日1回の配達のところ、速達は1日3～4回も出る。これらを考えると確かに速いのだが、配達局に届くタイミングによっては普通便と一緒に配達されることもある。また速達として出してもポストからの最後の回収後に出したなら一晩ポストの中で過ごすことになるので、郵便局に直接持っていくといった出す側の努力も必要になってくる。

問　「速達便」に関する正しい説明はどれか。

1　ポストから郵便局まで速く届けられるので、ポストに早く出した方がいい。
2　いつも速く届けられるが、普通便が優先されることもある。
3　1日3～4回配達されるので、いつポストに出しても大丈夫だ。
4　場合によっては普通便と同じ速さになるので、出す側も努力が必要だ。

問題　次の文章を読んで、後の問いに対する答えとして最もよいものを、1・2・3・4から一つ選びなさい。

　夏にエアコンを使うと、ホースから水が出てくる。この水は再利用可能なのだろうか。エアコンから出る水は、特に有毒な化学物質が入っているというわけではない。しかし雨水と同様に空気中の様々な汚れも一緒になっている。特にエアコン内部は湿度が高いため、ばい菌だらけのこともある。そのため、そのまま飲用するのは好ましくない。よく植物の水やりに使うと言われる。しかし地面に植えてあるものなら問題ないが、鉢に植えてある場合は枯らしてしまうことがある。結局、打ち水(注1)に使うぐらいしかない。

(注1) 打ち水：庭や道路などにまく水

問　エアコンの水について何と述べているか。

1　雨水と同じように、空気中の汚れを取ってくれる。
2　自然環境のため、再利用したほうがいい。
3　毒が入っているので、飲むと危険だ。
4　汚れているので、捨てたほうがいい。

問題　次の文章を読んで、後の問いに対する答えとして最もよいものを、1・2・3・4から一つ選びなさい。

　よく先生が学生に「人という字は人と人が支え合って出来ているんだ。だからみんなも支え合っていかなきゃいかん」と説教をする。しかし実は、これは説教をするための作り話であって、人という字の成り立ちとしては全く違うのだ。この字は一人の人が前かがみで立っている様子を横から見た形から来たもので、左側は頭から腕、右側は背中から足のラインを描いている。いわば独りぼっち(注1)の図なのだ。これを学生が知ってしまうと、先生は胸を張って説教ができなくなってしまう。

(注1) 独りぼっち：仲間がいなくて、ただひとりであること

問　先生が説教できなくなる理由は何か。

1　人の字はお互いに支え合っている図だから
2　人の字を横から見た学生がいるから
3　人の字は一人の人を描いた図だから
4　人の字の成り立ちを学生が知ってしまったから

실전 예상 문제 　1 내용 이해 (단문) 6

問題　次の文章を読んで、後の問いに対する答えとして最もよいものを、1・2・3・4から一つ選びなさい。

　　相手の弱みを見つけて無理な要求をすることを「足元を見る」や「足元につけ込む」と言うが、一体、相手の足元の何を見て弱みを見つけたのだろうか。
　　昔、旅行をする人の移動手段は、徒歩が多かった。しかし少し余裕のある人は、「かご(注1)」を利用した。今で言うタクシーだ。かご屋は、旅人の靴の汚れ具合を見て、その人がどれだけ疲れているかを判断し、相当疲れているなと判断するといつもより高い値段を取っていたという。
　　現代でも、海外に行き、外国人だとわかると高い値段を取られることがある。足元を見られないように、いつも靴を磨いておいたほうがよさそうだ。

(注1) かご：人を乗せて人力で運ぶ乗り物

問　いつも靴を磨いておいたほうがいい理由は何か。

1　タクシーを利用するとお金を多く取られるため
2　相手に自分の弱点を見つけられないようにするため
3　靴が汚れていると、相手に失礼になることがあるため
4　少し余裕があると、すぐに「かご」に乗りたくなるため

問題　次の文章を読んで、後の問いに対する答えとして最もよいものを、1・2・3・4から一つ選びなさい。

　男も化粧をする時代と言われる。肌の手入れをするために化粧品を使う男性も少なくない。ところで男性用化粧品と女性用化粧品はどう違うのか、女性が男性用を使っても大丈夫なのだろうか。
　一番の違いは皮脂(注1)と保湿(注2)だ。皮脂の量が多い男性用には脂を取り除く成分とアルコール分が強く、保湿は適度にする程度だ。これに対して女性用は、保湿はもちろんのこと、脂分が含まれているものもある。男性が女性用を使ってもあまり問題はないが、その逆は作用が強すぎて肌を傷めることもあるから気をつけた方がいい。

(注1) 皮脂：皮膚から出る脂
(注2) 保湿：肌の水分を保つこと

問 筆者は男性用と女性用の化粧品についてどう述べているか。

1　男性用と女性用は成分が同じなので、どちらを使っても問題ない。
2　男性用は脂を取る成分が強いから、女性は使わない方がいい。
3　女性用は脂分が多く含まれているから、男性は使わない方がいい。
4　男性は男性用を女性は女性用を使わなければならない。

問題　次の文章を読んで、後の問いに対する答えとして最もよいものを、1・2・3・4から一つ選びなさい。

　友人は結婚が決まり、その報告のため部長の部屋へ向かっている途中、仲の良い同僚と一緒になりました。実は彼も偶然、結婚の報告に行くところでした。友人と同僚は、一緒に部長の部屋に入り、友人は部長にこう報告しました。
「あの、実は今度……僕たち、結婚します」
　それを聞いた部長は、しばらく二人を見つめていました。部長の驚く顔に、とんでもないことを言ったことに気づいた友人は、あわてて間違いを訂正し、部長の誤解を解きました。
　何気ない発言がとんでもない誤解を招くこともあります。言葉を発する時は、気をつけましょう。

問　部長が驚いた理由は何か。

1　筆者の友人が同僚と結婚すると勘違いしたから
2　筆者の友人が来るのを知らなかったから
3　筆者の友人と同僚が一緒に部屋へ入ってきたから
4　筆者の友人が結婚するのは、まだ早すぎると思ったから

問題　次の文章を読んで、後の問いに対する答えとして最もよいものを、1・2・3・4から一つ選びなさい。

　　日本は高齢化社会である。65歳以上のお年寄りが人口の4分の1を占めている今日、シルバー産業と呼ばれるお年寄りを対象にしたビジネスが注目を集めている。この産業の具体例として、デイケアセンターが挙げられる。決まった日時にお年寄りが集まり、必要なサービスを受けることができる場所の運営をしており、その数は年々増加している。社会全体の景気が悪くなる中でシルバー産業は著しく伸びている数少ない産業なのである。

問　シルバー産業とはどんな産業を指しているか。

1　高齢化社会を加速させる産業
2　お年寄りに働いてもらう産業
3　お年寄りに関する事を扱う産業
4　景気を上向きにしていく産業

実戦予想問題　1 内容理解（短文）10

問題　次の文章を読んで、後の問いに対する答えとして最もよいものを、1・2・3・4から一つ選びなさい。

　　夢に関係する話はいろいろあるが、日本では新年に初めて見る夢を初夢といい、初夢によってその年の縁起が良いとか悪いとか言ったりもする。今でも正月になると初夢の話をする人がいるが、その中でもベスト3は「一富士、二鷹(注1)、三なすび(注2)」である。その始まりは様々な説があるようだが、その一つに富士山は日本一高い山、鷹は高く飛ぶ、そしてなすびは江戸時代に非常に高価なものだったからという説があるそうだ。

(注1) 鷹：鳥の名前
(注2) なすび：なす

問　この記事によるといい初夢のベスト3の由来はどこにあるか。

1　三つとも縁起がいいこと
2　三つとも縁起が悪いこと
3　正月にその話をする人が多いこと
4　高いということ

실전 예상 문제　1 내용 이해 (단문) 11

問題　次の文章を読んで、後の問いに対する答えとして最もよいものを、1・2・3・4から一つ選びなさい。

　　日本の住宅は親と子どもがそれぞれ別の独立した部屋を持つようになって、個人のプライバシーを守る自由なスペースが持てるようになったという点で欧米化したと言えます。しかし、昔のように家族が一緒に食事をしたり、居間で一家団欒(注1)したりする事が少なくなって、子どもにさみしい思いをさせてしまったり、家族の関係がうまくいかない時にそれぞれの部屋で過ごしてしまうようになりました。お互いを尊重しながら家族のコミュニケーションをどうとるかが今後重要になりそうです。

(注1) 一家団欒：家族みんなで一つの部屋で楽しく過ごすこと

問　日本の住宅が欧米化したことで、日本の家庭が変わった点は何か。

1　個人のプライバシーが守られなくなった。
2　家族そろって食事することが少なくなった。
3　親子関係がうまくいかなくなった。
4　家族のコミュニケーションがとれるようになった。

問題　次の文章を読んで、後の問いに対する答えとして最もよいものを、1・2・3・4から一つ選びなさい。

　　メタボという言葉は現在一般的に使われるようになりました。もともとは英語のメタボリックシンドロームという、おなかに脂肪(注1)がたまることで様々な病気の原因になるものを指す言葉でしたが、日本ではメタボという名称で知られるようになりました。例えば、おなかが出ている人に「メタボにならないように運動したら」と言ったりします。このように最近では太りすぎに注意させるキーワードとして使われることが多いようです。

(注1) 脂肪：余分な肉

問　メタボという言葉は現在どのように使われていると書かれているか。

1　おなかの脂肪を表す言葉として
2　様々な病気の原因物質という意味として
3　おなかが出ている人を指して
4　太りすぎに注意させる言葉として

실전 예상 문제 — 1 내용 이해 (단문) 13

問題　次の文章を読んで、後の問いに対する答えとして最もよいものを、1・2・3・4から一つ選びなさい。

　　自分の能力が発揮できる職につけるのはとても幸せなことだ。ことわざにも「好きこそものの上手なれ」というのがあるが、どんなことでも興味を持ってやれば上手になるものだ。残念ながら、現在職についていない若い人は増加傾向にある。自分が好きなことは何か、どんな仕事に向いているかがわからず就職を見送っている人が多くなったというニュースもよく話題になるが、まずは何でもいいから始めてみて、それから自分の興味や得意な事を見つけてみてはどうかと思う。

問　現在仕事についていない若者に、まずどうするようにと勧めているか。

1　能力が発揮できる仕事を探すこと
2　好きなことを仕事にすること
3　仕事がないときは就職を見送って準備すること
4　とにかくなんでもいいから始めてみること

問題　次の文章を読んで、後の問いに対する答えとして最もよいものを、1・2・3・4から一つ選びなさい。

　最近の調査で、「日本人の言葉づかいが乱れて(注1)いる」と感じている人が多いことが分かった。確かに文法的に正しくない表現や本来持つ意味と違う意味で使っている人も多い。その中でも社会人として問題なのは敬語の使い方の誤りである。例えば、「先生がおっしゃった通り」と言うところを「先生が申した通り」と言うケースである。言葉というのは変化していくものだが、この機会に正しい言葉使いを意識して、自分の言葉使いを確認してみてはどうだろうか。

(注1) 乱れる：礼儀がくずれること

問　言葉づかいの乱れで、社会人として特に問題なのは何だと言っているか。

1　文法的なまちがい
2　ていねいすぎる言葉づかい
3　敬語表現の誤用
4　言葉の変化

실전 예상 문제　1 내용 이해 (단문) 15

問題　次の文章を読んで、後の問いに対する答えとして最もよいものを、1・2・3・4から一つ選びなさい。

　　価値観(注1)が多様化した事により「友達夫婦」と言われる夫婦の形も見られるようになった。「友達夫婦」とは相手に何かを求めるのではなく、上下関係のない友達のように、時には相談したり助け合ったりしながら生きていくという夫婦である。このような夫婦の形に対して、賛成の声も反対の声も聞かれるが、社会が早いスピードで変化していく中で、夫婦の形も様々に変化していくのは時代の流れとして当然のことなのかもしれない。

(注1) 価値観：何が大事で何が大事でないかという判断

問　「友達夫婦」とはどんな夫婦か。

1　価値観が多様な夫婦
2　上下関係のない夫婦
3　賛成や反対をしあう夫婦
4　様々に変化していく夫婦

실전 예상 문제 — 1 내용 이해 (단문) 16

問題　次の文章を読んで、後の問いに対する答えとして最もよいものを、1・2・3・4から一つ選びなさい。

　現代人はストレスにより睡眠障害を抱えている人が多い。夜なかなか眠れなかったり、何度も目が覚めたりして、医者に相談する人も増加傾向にある。医者の話では個人差はあるが、睡眠時間は約5時間で十分だということだ。7時間は睡眠をとらなくてはと考える人が多いが、睡眠時間に関してあまり気にしすぎないほうがよいようだ。また、よく眠るには昼間に運動して体を十分に動かすことが大事だということだから、あまり眠れないという人は運動を取り入れてみるとよいだろう。

問　筆者は睡眠障害を克服するのにどんな事を勧めているか。

1　ストレスを減らすこと
2　医師に相談すること
3　7時間は睡眠をとること
4　運動を取り入れること

PART 2

내용 이해 (중문)

분석 및 공략　2 내용 이해 (중문)

내용 이해 파트　**어떤 문제가 어떤 식으로 출제되나요?**

1 「문제 1 내용 이해(단문) 파트」보다는 다소 긴 중문의 3문제가 출제됩니다. 각 텍스트에 대하여 3문제씩, 총 9문제가 출제됩니다.

2 비교적 평이한 내용의 논평·해설·에세이 등 500자 정도의 텍스트를 읽고, 인과관계나 이유, 개요나 필자의 생각 등을 이해할 수 있는지 묻는 문제입니다.

내용 이해 파트　**완전 공략 비법**

1 우선 문제를 읽고 무엇을 답으로 요구하는지를 미리 파악해 둡니다.

2 일단 문제문의 텍스트가 「문제 1 내용 이해(단문) 파트」의 2배 이상의 길이이기 때문에 전체를 신속하고 주의 깊게 읽어야 합니다. 세세한 부분을 이해하기보다는 텍스트의 전체상을 정확히 파악하여, 대의를 이해하거나 키워드를 파악하거나, 어떠한 논리로 전개되고 있는지 전체적으로 전하고자 하는 주장이나 의견을 읽어내는 능력을 묻게 됩니다.

3 「문제 1 내용 이해(단문) 파트」는 200자 텍스트에 1문제였습니다만, 「문제 2 내용 이해(중문) 파트」에서는 500자 텍스트에 문제는 3문제나 출제가 됩니다. 따라서 전체의 대의를 파악해야 하고 그와 함께, 「문제 1」과 마찬가지로 문제에서 지시하는 곳에 주목하여 읽어 나가면서 문제를 풀어나갈 필요가 있습니다.

유형 맛보기

예제

問題　次の文章を読んで、後の問いに対する答えとして最もよいものを、1・2・3・4から一つ選びなさい。

最近、企業の不祥事(注1)が相次いでいますが、問題を起こす企業には共通点があると思います。それは「社員を大切にしていない」ということです。「社員を大切にする」とは、給料が高いとか、福利厚生(注2)を充実させるということではなく、仕事を通じて成長できるとか、仲間と協力して物事を成し遂げる達成感が感じられるといったことです。問題のある企業はこれらをないがしろ(注3)にし、利益だけしか見ていないのです。

ただ、ここ数年、社員を大切にしながらも業績(注4)を上げている企業が増えています。「社員を大切にするなどと甘いことを言っていたら、経営は成り立たない」と言われる中で、なぜ①それが可能なのか。その条件を探ることが、本書の執筆理由です。

そこで一つ明らかになったのは、通常とは異なるリーダーの姿です。多くの場合、非常に優れたリーダーがいて、社員はただ従っていれば業績が良くなるということが想定されますが、社員を大切にしながら業績を上げる企業のリーダーはそうではなく、社員を主役にするのです。私はこれをスポンサーシップと名付けましたが、そこでは社員がどんどん力をつけ、育っていきます。

(柴田昌治「リーダーシップからスポンサーシップへ」『フォーブス』2007年9月号による)

(注1) 不祥事：社会に迷惑をかけるような失敗や間違い
(注2) 福利厚生：企業が従業員やその家族のためになるように作った制度や施設
(注3) ないがしろ：軽く考えること
(注4) 業績：仕事の成果や実績

예제 풀이

1 ①それは何を指しているか。

1　問題を起こしても経営を成り立たせること
2　高い給料を払って、福祉を充実させること
3　社員が仲間と協力して仕事を達成すること
4　社員を大切にしながらも業績を上げること

2 筆者がここで重視している「企業の優れたリーダー」とは、どのようなリーダーか。

1　強い指導力で社員を引っぱり、どんどん業績を上げることのできるリーダー
2　社員に高い給料を払い、福利厚生を充実させることを第一に考えるリーダー
3　社員の自主性を尊重し、社員が働きながら伸びていけるようにするリーダー
4　教育に十分時間をかけ、社員が成長してから働いてもらおうとするリーダー

해석

다음 문장을 읽고 이어지는 질문에 대한 답으로 가장 알맞은 것을 1·2·3·4에서 하나 고르시오.

최근에 기업의 불상사(주1)가 이어지고 있는데, 문제를 일으킨 기업에는 공통점이 있다고 생각합니다. 그것은 '사원을 소중히 하지 않는다'는 것입니다. '사원을 소중히 한다'라는 것은 월급이 많다거나 복리후생(주2)을 충실하게 한다는 것이 아니라, 일을 통해 성장할 수 있는가 하는 것이나, 동료와 협력하여 어떠한 일을 이루어내는 성취감을 느낄 수 있는 것과 같은 것입니다. 문제가 있는 기업은 이러한 것들을 소홀히(주3) 하고, 이익밖에 보지 않습니다.

그러나 최근 몇 년 사이에 사원을 소중히 하면서도 업적(주4)을 올리고 있는 기업이 늘고 있습니다. '사원을 소중히 한다는 등 안일한 이야기를 하고 있어서는 경영이 성립되지 않는다'고 일컬어지는 속에서, 어떻게 ①그것이 가능한가. 그 조건을 찾는 것이 본서의 집필 이유입니다.

그래서 하나 밝혀진 것은 통상적인 모습과는 다른 리더의 모습입니다. 대부분의 경우에 매우 뛰어난 리더가 있고 사원은 그저 잘 따르기만 하면 업적이 좋아질 것으로 생각하지만, 사원을 소중히 하면서 업적을 올리는 기업의 리더는 그렇지 않고, 사원을 주역으로 여깁니다. 저는 이를 스폰서 십이라고 칭하였는데, 거기서는 사원이 더욱 더 힘을 기르고 성장해 갑니다.

(시바타 마사하루 「리더십에서 스폰서 십으로」 『포브스』 2007년 9월호에 의함)

(주1) 불상사 : 사회에 폐를 끼치는 실수나 잘못
(주2) 복리후생 : 기업이 종업원이나 그 가족의 도움이 되도록 만든 제도나 시설
(주3) 소홀히 함 : 가볍게 생각하는 것
(주4) 업적 : 일의 성과나 실적

1 ① 그것은 무엇을 가리키는가?
　　1 문제를 일으켜도 경영이 이루어지게 하는 것
　　2 높은 월급을 주고 복지를 충실히 하는 것
　　3 사원이 동료와 협력하여 일을 달성하는 것
　　4 사원을 소중히 하면서도 업적을 올리는 것

2 필자가 여기에서 중시하고 있는 '기업의 뛰어난 리더'란 어떠한 리더인가?
　　1 강한 지도력으로 사원을 이끌고, 더 더욱 업적을 올릴 수 있는 리더
　　2 사원에게 많은 월급을 주고 복리후생을 충실히 하는 것을 제일로 생각하는 리더
　　3 사원의 자주성을 존중하고 사원이 일하면서 성장해 나갈 수 있도록 하는 리더
　　4 교육에 충분히 시간을 들이고 사원이 성장하고 나서 일을 하도록 하는 리더

 풀이

- 문제1 -

' ' 안에 들어 있는 단어에 주목합시다. '사원을 소중히 한다, 안한다'라는 문장이 여러 곳에 나오므로 답이 4번이라는 것은 짐작이 갑니다. 정답이라고 여겨지는 것을 ① 그것에 맞추어 보고 맞는지 확인합시다.
'사원을 소중히 하는 등의 안일한 이야기를 하고 있어서는 경영은 성립되지 않는다'라고 일컬어지는 속에서, 어떻게 사원을 소중히 하면서도 업적을 올리는 것이 가능한지 그 조건을 찾는 것이 본서의 집필 이유라고 하고 있습니다.

정답_ 4 社員を大切にしながらも業績を上げること(사원을 소중히 하면서도 업적을 올리는 것)

- 문제2 -

문제에 나오는 '기업의 뛰어난 리더'라는 단어는 뒤에서 4번째 줄에 나옵니다. 그 다음 줄에 '사원을 소중히 하면서 업적을 올리는 기업의 리더는 그렇지 않고, 사원을 주역으로 여깁니다. 저는 이를 스폰서 십이라고 칭하였는데, 그러면 사원이 더욱 더 힘을 기르고 성장해 갑니다.'라고 써 있지요. 정답 3번 '사원의 자주성을 존중하고 사원이 일하면서 성장해 나갈 수 있도록 하는 리더' 를 봐 주세요.

사원을 소중히 한다 → 사원의 자주성을 존중한다
사원이 더욱 더 힘을 기르고 성장해 간다 → 사원이 일하면서 성장해 나갈 수 있다
이처럼 표현은 다르지만 같은 내용이라는 것을 알 수 있습니다.

정답_ 3 社員の自主性を尊重し、社員が働きながら伸びていけるようにするリーダー
　　　　(사원의 자주성을 존중하고 사원이 일하면서 성장해 나갈 수 있도록 하는 리더)

실전 예상 문제
2 내용 이해 (중문)

問題　次の文章を読んで、後の問いに対する答えとして最もよいものを、1・2・3・4から一つ選びなさい。

　　会社で後輩がミスをした場合、先輩はどうしてもしかったり注意したりしなくてはなりません。そこで気をつけたいのは、人がいる前では決してしからないことです。人の前でしかると、後輩はメンツ(注1)をつぶされたと感じてしまいます。ミスに関しては、はっきり指摘しつつも、「ここをこうしたら、もっとよかったのではないか」など、指摘と改善を提案する形をとるといいでしょう。
　　しかった方もしかられた方もあまり気分がいいものではありません。その後、ねちねち(注2)と長く引きずらないようにすることが大切です。「仕事上のミスはミス。でも、私とあなたの関係はまた別のこと」というふうに、後で何事もなかったかのようにお茶やランチに誘ってみるなど、気づかいをみせる余裕が欲しいところです。
　　また逆に褒めるときは、ためらわないで、よいところをたくさん褒めてあげるといいでしょう。褒めるときは、人前で褒めるようにします。わざとらしくないように、でも、ちょっと周りに聞こえるように「さすが」「なかなかいいね」など、短い言葉でさっぱりと褒めるのが効果的です。人間は、何歳になっても褒めてもらえばうれしいと感じます。①プラスの言葉をたくさんかけてあげることで、後輩たちのやる気は、ぐんぐん出てくると思います。

(注1) メンツ：世間や周囲に対する体面・立場・名誉
(注2) ねちねち：性格ややり方がしつこい様子

[1] ①プラスの言葉とは、どんな言葉か。

1　わざとらしい言葉

2　おおげさな言葉

3　さっぱりした言葉

4　褒めてあげる言葉

[2] 後輩をしかった後にすべき大切なことは何か。

1　後輩のメンツを考えてあげること

2　ねちねちと後輩をしかり続けること

3　仕事と個人の問題は別のことだと気をつかうこと

4　これからはミスをしないように言い聞かせること

[3] 筆者は後輩のやる気を出させるためには、どうしたらいいと言っているか。

1　たくさん褒めてあげるといい。

2　お茶やランチに誘ってあげるといい。

3　しかるときは人がいないところでしかるといい。

4　短い言葉でさっぱりと言うといい。

실전 예상 문제　2 내용 이해 (중문)

問題　次の文章を読んで、後の問いに対する答えとして最もよいものを、1・2・3・4から一つ選びなさい。

　写真を撮るとき、「これは素晴らしい」と思いながらシャッターを押しているのに、どうもうまくいかないことが多い。地面の範囲が多かったり、シンボルとなる建物が途中で切れていたりする。先日、市民講座でプロの写真家の講義があるというので、写真をうまく撮るコツ(注1)を学びたくて受講した。

　プロの写真家から次のようなことを学んだ。

　まず、写真を撮るときはズームを使わず、なるべく自分の足で前に進んだり後ろに下がったりすること。写真というのは、シャッターを押す人の意欲が大切らしい。いいなと思ったら自分から近づくのだ。

　次に、その日その時が大事であるということだ。撮りたい瞬間は二度と来ないのである。

　プロの写真家が何度も言っていたことは「シャッターを押す人の感覚が人の心を動かす」ということだった。カメラを持つ人の、いかによく写そうかという熱意がいい写真には込められているのだそうだ。

　私は文を書く趣味がある。今の気持ちをどうにかして文にして残しておきたいと思う時がある。そんな時はあれこれと書き続ける。何度も書き直したり、パソコンの前をうろうろしたりする。そんなふうにして出来上がったときの作品は、読んでくれる人も多い。

　私の写真がイマイチ(注2)だったのは、テクニックではなく心がイマイチだったからだと今更のように気づかされた。

(注1) コツ：何かをするときの要領
(注2) イマイチ：少し足りない

[1] 筆者はどうして市民講座を受講したか。

1 プロの写真家に会いたかったから
2 写真撮影のコツを学びたかったから
3 写真を撮るときの「心」を学びたかったから
4 文を書くテクニックを知りたかったから

[2] プロの写真家の講義で何を学んだか。

1 シンボルとなる建物をちゃんと作ること
2 写真を撮るときは自分の足で動くこと
3 写真はじっくり考えてから撮ること
4 パソコンで写真を直すこと

[3] 写真を撮るとき、何が一番大切か。

1 写真を撮る場所
2 写真を撮るテクニック
3 写真を撮る人の熱意
4 カメラのシャッターを押す瞬間

問題　次の文章を読んで、後の問いに対する答えとして最もよいものを、1・2・3・4から一つ選びなさい。

　少し昔の百円ショップといえばスーパーのすみに台所用品などの日用品を少し扱（あつか）う程度だったが、最近の100円ショップの品ぞろえの充実ぶりときたらすごいものがある。こんなものが100円？という驚（おどろ）きで、店の中を冒険（ぼうけん）する楽しさもある。しかし、どうしてあそこまで安い値段で扱えるのだろうか。

　まず、だれもが想像するのは中国やベトナムなどでの生産品だ。数十〜数百万個という単位で注文し、途中の業者を通さずに直接購入かつ現金払いで、中間で払う料金を節約する。また国内の会社からも売れ残った倉庫品を安く買ったり、倒産した会社から安く買い取ったりする。売る側にしてみてもたくさん余った品をすばやく現金に換えることができるので魅力的（みりょくてき）である。

　輸送についても普通の運送業者を使わず、帰りに載（の）せるものがない引越し業者や水産会社のトラックのいわゆる"①ついで便"を使い、費用を1/2〜1/4ほどに節約するのである。

　店に並ぶ商品には原価5円程度のものもあれば、客を呼ぶための利益の出ない品物もあるが、全体としてはもうかるようになっているという。

1 ①ついで便とは、何か。

1　輸送を専用にしているトラック
2　普段は荷物を載せてこないトラック
3　引越しや水産会社のトラック
4　普通より1/2～1/4ほど安いトラック

2 100円ショップが値段を安くするためにしていることはどれか。

1　余った品物をすばやく現金に換えること
2　中国やベトナムに行って、安い品物を買ってくること
3　スーパーで台所用品や日用品を主に販売すること
4　つぶれた会社から安く買い取って、それを売ること

3 昔の100円ショップのイメージはどんなものだったか。

1　スーパーの片隅に日用品を少し扱うほどの小規模なもの
2　たくさんの品をそろえた大きなもの
3　店の中を冒険したくなるようなすばらしいもの
4　すぐに倒産してしまいそうな小さなもの

問題　次の文章を読んで、後の問いに対する答えとして最もよいものを、1・2・3・4から一つ選びなさい。

　　会社から帰宅するとテーブルの上にハーモニカを発見した。衝動的(しょうどうてき)に吹いてはみたものの思うように音が取れない。昔はもう少し上手く吹けたような気がするのだが。何回も同じところで間違えては、自分ではなくハーモニカのせいにして、昔を思い出しながら2時間ほど特訓した。

　　当時、同居していたおじが小さな黒いバッグを大事そうに抱えて帰宅した。みすぼらしいバッグのチャックをおじはうれしそうに開けはじめた。何かがバッグの中で動いているような気配がする。おじが中から取り出したのは、まだ生まれて間もない子犬だった。やっと歩けるほどの可愛い子犬。鼻と目の黒さが愛くるしかった。その日から我が家に新しい家族、"トム"が加わった。

　　小学校から帰宅した私がランドセル(注1)からハーモニカを取り出そうとすると、トムは私の横に静かに寄りそうように座った。練習曲を吹き始めると、はじめのうちは黙(だま)って聴(き)いているのだが、しだいに曲に合わせるように、空に顔を突き上げて優しくも物悲しそうに歌い出すのだ。ハーモニカを止めると、練習の催(さい)促(そく)でもするような目をこちらに向けた。しばらくの間、①それが私と愛犬トムとの日課になった。

　　今日もハーモニカでトムが一緒に歌ってくれた思い出の曲を吹いた。今は一人だけの演奏だが。

(注1) ランドセル：小学生が学校で使う道具を入れて背中に背負うかばん

[1] ①それは何を指しているか。

　1　トムが私の横に静かに座ること
　2　ハーモニカの練習を止めるとトムが催促(さいそく)すること
　3　トムが空に顔を突き上げてほえること
　4　ハーモニカの練習中に、トムが合わせて歌うこと

[2] 愛犬のトムは今どこにいるか。

　1　バッグの中
　2　おじさんの家
　3　私の横
　4　どこにもいない

[3] 本文に題名をつけるとしたら、どれが適切か。

　1　おじの黒いバッグ
　2　ハーモニカと愛犬
　3　新しい家族のトム
　4　ハーモニカの練習

問題　次の文章を読んで、後の問いに対する答えとして最もよいものを、1・2・3・4から一つ選びなさい。

　会社に若々しい新入社員が入ってきて、まず感じるのは年代の違いではないだろうか。しかし年代の違いは、そんなに問題ではなくて、きちんとコミュニケーションが取れるかが問題になる。

　つい最近まで学生だった新入社員たちとは、年齢の違い、世代の違いを感じずにはいられない。しかし、無理をして若い人たちに話を合わせて、今どきの言葉(注1)を使うなど、必要以上に相手に合わせる必要はない。

　後輩でも丁寧な態度でお願いすることは大切だ。いくら入ってきたばかりとはいえ、後輩に対して横柄(注2)な態度を取ってはいけない。取引先、お客様、上司、同僚、後輩と相手によって言葉づかいや接し方が違うのは当然だが、後輩に対してだけ強気な態度を取るなど、人格を疑われるようなことは気をつけるべきだ。相手が新入社員であろうと、仕事を頼むときは、①クッション言葉を使おう。

　「忙しいところ悪いけど…。」
　「今いい？」
　「お手数だけど…。」
　「面倒なお願いで、申し訳ないんだけど…。」

など、相手に気をつかいながら話しかける。お願いする場合は、仕事の指示の内容や期限を明確に伝える。仕事をお願いした後は、問題なく進んでいるかどうか声をかけるなど配慮を忘れないようにするといい。

(注1) 今どきの言葉：今、流行している言葉
(注2) 横柄：いばって、人を無視した態度をとること

1　①クッション言葉とはどんな言葉か。

　1　若い人たちと話を合わせるために使われる今どきの言葉

　2　相手に人格を疑われないようにするために使われる言葉

　3　何かを頼むときに相手を気づかって使う言葉

　4　仕事の指示の内容や期限を明確に伝えるときに使われる言葉

2　筆者が問題だと思っていることは何か。

　1　後輩ときちんとコミュニケーションが取れるかどうかということ

　2　年齢や世代の違いで若い人たちと話が合わないこと

　3　必要以上に相手に合わせなければならないこと

　4　相手によって言葉づかいや接し方が違うこと

3　後輩に対する態度として何が一番大切か。

　1　無理をしてでも後輩と話を合わせること

　2　いくら後輩であっても丁寧(ていねい)な態度で接すること

　3　後輩に無視されないように横柄(おうへい)な態度をとること

　4　仕事を期日までしっかりやっているか確認すること

問題　次の文章を読んで、後の問いに対する答えとして最もよいものを、1・2・3・4から一つ選びなさい。

　　自分が働く会社の給料が下がった場合、自分の能力に自信のあるサラリーマンであれば、もっと高い給料がもらえる会社への転職(注1)を考えるようになるだろう。
　　しかし、現実には多くのサラリーマンは転職を希望していない。給料が安くて、いまの会社に不満があっても、なかなか転職できないのはなぜだろうか。サラリーマンが転職する場合、転職によってキャリア・アップ(注2)する可能性もあれば、逆にキャリア・ダウン(注3)してしまう危険性もある。どちらになるかは前もってわからないのだが、多くの人は、キャリア・ダウンによる「不利益」の方を考えてしまう傾向があるのだ。
　　その結果、損失を避けようという気持ちが働いて転職をしない、つまり給与面での不満はあっても現在の会社で働き続けるという選択肢を選んでしまうのだ。
　　最新の研究によると、①このような人間の心理や行動は②「現状維持バイアス」で説明できると言う。「現状維持バイアス」とは、人間は今自分が置かれた状況や習慣が変わることをとても嫌う傾向があるというものだ。
　　では、なぜ人生の様々な場面で「現状維持バイアス」が生じるのだろうか。それは現在の状況が変わることによって将来起こりうる「利益」と「不利益」を比較するとき、たとえその確率が50%ずつであったとしても、多くの人は主観的に「利益」よりも「不利益」の方を過大に評価してしまうからだ。

(注1) 転職：職業をかえること
(注2) キャリア・アップ：より高い資格・能力を身につけること
(注3) キャリア・ダウン：現在より低い地位の仕事につくこと

1　①このようなは何を指しているか。

1　給料が安くても転職を選ばないこと
2　キャリア・アップを早くしたいこと
3　利益よりも不利益を先に考えてしまうこと
4　給与面で不満をいつも持っていること

2　②「現状維持バイアス」とは何か。

1　給与面で不満があっても今の会社で働き続けること
2　今の自分が置かれた状況や習慣が変わることを嫌うこと
3　将来起こりうる「利益」と「不利益」を比較してしまうこと
4　「利益」よりも「不利益」の方を過大に評価すること

3　給料が下がっても、今働いている会社を替えないのはどうしてか。

1　会社を替えても、損失を避けられないとわかっているから
2　人間は今自分が置かれた状況に満足してしまう傾向があるから
3　利益と不利益の確率は50％ずつであっても、今の会社を信じて働くのがいいから
4　今働いている会社を替えると、不利益のほうが多いかもしれないと考えてしまうから

問題　次の文章を読んで、後の問いに対する答えとして最もよいものを、1・2・3・4から一つ選びなさい。

　　食堂の入口などによく「営業中」と書いた札がぶらさがっている。その裏には決まって「準備中」と書いてあるが、だからといって必ずしも店の中で店員が準備しているというわけではない。この札は非常に便利で、閉店後やランチとディナーの間の休みの時間には札を裏返しにすればいいわけだ。
　　この「準備中」に当たる言葉、海外ではお目にかかったことがない。思うに、この①「準備中」という言葉は、ちょっとした発明と言ってもいいのかもしれない。「本日は閉店しました」という札も時々見るが、これだと閉店後はいいとして、翌朝(注1)の開店前にかかっていては少し変だろう。「間もなく開店します」とでも書いておけばいいだろうか。そうすると少し早く誰かを店にやって、札をかけさせなければならない。だから「閉店後」であると同時に「開店前」であるという事情を説明してしまう「準備中」は、大変便利な言葉なのだ。店が開いているか閉まっているかはドアを開ければ分かる事だが、客にとっては面倒だ。
　　こんな事をいちいち気にする必要はないかもしれないが、私はこういう普段誰でも目にする言葉に、ちょっとした発見をすることを楽しみとしていて、②そういう意味でこの「準備中」という言葉は、私にとってすごい発見だったのである。

(注1) 翌朝：次の日の朝

1 筆者はどうして①「準備中」という言葉がちょっとした発明だと思うのか。

　1　今、店で店員が準備しているということが分かるから
　2　もう閉店したことと、まだ開店していないということが同時に分かるから
　3　店員の一人が早目に来て札をかけなくてもいいから
　4　店が開いているか閉まっているか、客がドアを開けるようになっているから

2 ②そういう意味でとは、どういうことを指すか。

　1　海外では見たことがないということ
　2　いちいち言葉の持つ意味を気にすること
　3　人生を楽しむということ
　4　普段誰も気にしない言葉に何か発見すること

3 この文で筆者が一番言いたいことは何か。

　1　日本人は工夫が得意だ。
　2　「準備中」という言葉は日本でしか見たことがない。
　3　「準備中」という言葉のおもしろさを発見した。
　4　私が「準備中」という言葉を発見した。

실전 예상 문제　2 내용 이해 (중문) ⑧

問題　次の文章を読んで、後の問いに対する答えとして最もよいものを、1・2・3・4から一つ選びなさい。

　　日本の紙の生産量と消費量は、世界でもトップクラスだ。
　　2001年の調査によると、生産量ではアメリカが他の国を大きく引きはなして1位で、世界の生産量の約25％を占めている。2位は中国で、近年の経済成長によって生産量が伸びており、過去10年で2倍以上増えている。そして3位が日本である。
　　また、国民一人あたりの紙の消費量では、日本は世界で8番目だが、アジアでは一番紙を使っていて、その量は中国の8倍、韓国の1.5倍で世界平均の約5倍である。アジアで一番だからといって喜ぶようなランキングでないことは明らかで、今や日常的なことになってしまった過剰包装など、問題は多い。
　　世界には200以上の国があり、それぞれの国で紙を消費している。しかし、先進国(注1)が消費する紙の量があまりにも多いことが問題だ。紙を大事にすることは木を大切にすることにつながり、すなわち自然を大切にすることにつながっているのである。
　　資源がほとんどない日本がこのように膨大な量の紙を消費しているということを我々も真摯に受け止め、まずは自分たちができること、つまり紙をむだに使わないことを心がけていくべきではないだろうか。

(注1) 先進国：政治・経済・文化などが国際水準からみて進んでいる国

|1| 紙の使いすぎは主にどこに問題があるか。

1 中国が発展しすぎたこと
2 ていねいに包装しすぎること
3 先進国が紙を消費しすぎること
4 原料に限りがあること

|2| 日本の紙の消費量が多い原因は何だと述べているか。

1 先進国だから
2 過剰包装が習慣になっているから
3 材木がたくさんとれるから
4 自然を守る考えがあまりないから

|3| 筆者が一番いいたいことは何か。

1 日本の紙の消費量は、生産量に比べて多い。
2 中国が最近生産量を伸ばしているのは経済発展しているからだ。
3 日本が紙の使用量がアジアでトップだということは喜ぶべきことだ。
4 紙をむだに使わないことは、自然を守ることにつながる。

실전 예상 문제   2 내용 이해 (중문) 9

問題　次の文章を読んで、後の問いに対する答えとして最もよいものを、1・2・3・4から一つ選びなさい。

　春の朝は布団から出るのがつらいというのは多くの人が感じていることでしょう。こう感じるのは日照時間が長くなり、体のリズムが微妙にずれるのが原因のようです。

　眠りには、頭の中のある部分から分泌(注1)されるメラトニンというホルモンが関係しています。メラトニンは暗いときにたくさん分泌され、明るくなると減ります。眠るときはメラトニンが増え、起きている時は減る事が確認されていますが、メラトニンが眠りの「結果」に作用するのか「原因」に作用するのかは、実のところはっきりしていません。

　いずれにせよ、航空会社で働く人など、時間が不規則な仕事をしている人の中には、サプリメントになっている「メラトニン」を飲んでいる人も多いようです。聞いたところによると、アメリカに行く知り合いに「メラトニン」を買ってきてもらうように頼む人もいるようです。アメリカではドラッグストアと呼ばれる大きな薬局などで手に入れることができるからです。

　しかし、「メラトニン」は睡眠薬(注2)ではないので、飲んでもすぐ眠れるわけではなく、眠っている時間帯をずらすためのものなので、海外旅行の時には、旅行先の時間を考えて3日ぐらい前から計画的に飲み続ける必要があります。

　暗くなったら寝て、明るくなったら起きるというように自然に合わせた早寝早起きが一番でしょう。

　また適度な運動も必要です。しかしながら現代人の生活を見るとこれらの事は簡単ではなさそうです。

(注1) 分泌する：細胞が体に必要な物質を作り、細胞の外に出すこと
(注2) 睡眠薬：眠りやすくする薬

[1] 眠りやすくするために普段できることは次のうちどれか。

1　部屋を暗くする。
2　部屋を明るくする。
3　3日ほど睡眠薬を飲む。
4　睡眠薬を飲み続ける。

[2] 「メラトニン」の効用は次のうちどれか。

1　体のリズムを整える。
2　飲んですぐに眠れるようになる。
3　眠っている時間帯をずらす。
4　2、3日飲めばすぐ眠れるようになる。

[3] 筆者ははどうすれば良い睡眠がとれるようになるとアドバイスしているか。

1　メラトニンをサプリメントでとる。
2　睡眠薬を飲む。
3　眠る時間帯をずらす。
4　早寝早起きをし、適度な運動をする。

問題　次の文章を読んで、後の問いに対する答えとして最もよいものを、1・2・3・4から一つ選びなさい。

　甘い蜜の香りにひかれてチョウ(注1)が花に寄ってくるというと、いかにももっともらしいが、科学的に言えば、これが完全な誤りらしい。
　例えば、こんな実験結果がある。チョウのいる部屋に香りのない派手な色の花を置くと、たちまちチョウが寄って来て蜜を探る。次に小さく切った派手な色の色紙を細い針金の先につけて同様の実験をしてみても、やはりチョウは色紙に止まって蜜を探ろうとする。①以上の実験から、チョウは花のにおいや形に関係なく、ただ色によって花に飛んでくることが分かった。実験によれば黄色やむらさきの花によく寄って来るのだそうだ。
　人は花を見て、まず美しいかを考え、それから香りを確かめる場合がほとんどだが、チョウにとっては、色は大事だが花の形や香りは関係ない。派手な色合いでない花はチョウには最初から問題外というわけだ。
　だが、もし蜂も色だけを頼りに蜜を集めるとすると、我々が食する蜂蜜(注2)の味も②頼りない気がしないでもない。
　鳥も羽が美しいオスがメスから選ばれることは知られているし、人間も見た目の華やかさを重視しているといっても言い過ぎではないだろう。自然界に生きるものは生き残りのためにも外見が目を引くことが非常に重要だと再確認させられた気がする。私にとっては耳の痛い話だ。

(注1) チョウ：蝶々(ちょうちょう)
(注2) 蜂蜜：蜂が集めた蜜

[1] ①以上の実験とはどんな実験か。

1　チョウが派手な花や色紙のまわりをどのように飛ぶか調べる実験
2　チョウが部屋の中でも上手に飛べるか調べる実験
3　花に止まったチョウが、どのように蜜を吸うか調べる実験
4　花のどんな点にチョウが寄ってくるか調べる実験

[2] どうして②頼りない気がしないでもないのか。

1　蜂が花の形だけチェックするから
2　蜂が花のにおいだけチェックするから
3　蜂が味をチェックして蜜を集めるから
4　蜂が味をチェックして蜜を集めるわけではないから

[3] 筆者が言いたいことは何か。

1　チョウになぜ花の形が分かるのかということ
2　おいしい蜂蜜はどのように選ばれているかということ
3　自然界で生き残るには目を引く華やかさを持つ事が重要だということ
4　筆者にとって姿形の話がいかに耳の痛い話かということ

실전 예상 문제　2 내용 이해 (중문) 11

問題　次の文章を読んで、後の問いに対する答えとして最もよいものを、1・2・3・4から一つ選びなさい。

　　旅、特にアジアを旅していると、人間は歩く動物なのだと感じることがある。たとえば、夕方、何もない所を車で走っていると、遠くに一人で歩いている人がいる。近くに人が住んでいそうな村などない。それなのに荷物らしい荷物も持たず、頭に何かのせただけで、ただただ歩いている。
　　ヒマラヤのかなり奥地でチベットまで歩いて行く人たちを見たことがある。気が遠くなるほどの道のりを歩いて行く。人一人がやっと歩けるような細い道をみんなはだしで歩いて行く。
　　アジアの旅で見た歩く人々は、生きるということは歩くことなのだ、といわんばかりに迷いもなくただ前に進んでいた。中には小さな包みに家財道具一式を包んで持って歩いている人もいた。すべてが手に持てるほどの大きさにまとめられ、休憩する時にはその荷物を一本の杖(注1)に結んでしまう。「ああ、家の物が全部、あの包みの中に入ってしまうんだな」と①思わず笑ってしまった。一方、自分はたかが1週間ほどの旅行なのに重いスーツケースやいつも手放せないと思っているコンピューターをやっとの思いで運んでいる事が実におかしく思えた。
　　家をそのまま背負って移動してしまえる人々の身軽さ、自由さを思うと、私たちが背負っている現実の家はなんて重いのだろう。驚くほど多くの物にかこまれて、私たちは暮らしているのである。

(注1) 杖：歩く時の助けにつく棒。

| 1 | 筆者は旅行中に歩いている人々を見てどう思ったか。

1　小荷物らしい荷物もなくかわいそうだ。
2　家財道具一式を持ち歩くのは大変だ。
3　人々の身軽さや自由さがうらやましい。
4　最小限の物は暮らしに必要だ。

| 2 | ①思わず笑ってしまった理由は何か。

1　家の物が全部小さな包みに入ってしまう少なさ
2　家の物が全部持って歩ける力強さ
3　家の物を全部小さな包みに入れる事ができる器用さ
4　家の物を全部持って歩かなければならない不便さ

| 3 | 筆者が一番言いたいことは何か。

1　人は歩かなければならない。
2　生きるということは歩くことだ。
3　多くの家具にかこまれて暮らす私たちは幸せだ。
4　多くの物に囲まれた暮らしを見直したい。

問題　次の文章を読んで、後の問いに対する答えとして最もよいものを、1・2・3・4から一つ選びなさい。

　先日、比較的強い地震があった時、テレビとラジオを同時につけ、どちらが早いか、どちらが詳しいかを比べてみた。
　第一報はラジオの方が早かった。テレビでは画面に文字を出さなくてはならないから、その分遅くなるのだろう。また、ニュースの内容だが、ラジオのキメ細かさはテレビとは比べ物にならなかった。
　だいたいにおいてテレビのニュースは映像を映し、アナウンスはそれに合わせて行われている。たとえば警察署が大きく映し出され、それと同時に「○×容疑者は、○×警察署に逮捕されました」とアナウンスが流れるという具合だ。ラジオでは①こんなものはないわけだから、事件の流れを言葉のみで伝えていく。
　今回の地震も最初のうちは映像が手に入らなかったらしく、テレビのアナウンスだけでは十分でなかったように思う。これに反し、ラジオは電話でいろいろな人の話を聞き、状況を伝えるなどして、その実力を発揮していた。
　テレビを皆が一斉につけると、地震の時には電力不足になることもある。また停電したらテレビは使い物にならない。ラジオは電池でも動く優れものだ。ただし、スペア(注1)電池も忘れないで準備しておきたい。地震が多い日本では、21世紀の今でも大いにラジオを活用すべきだと声を大にして言いたい。

(注1) スペア：予備

[1] ①こんなものとは何を指すか。

1 容疑者と警察署
2 アナウンス
3 ニュースに関係する映像
4 事件の流れ

[2] テレビとラジオの違いについて正しく述べたものはどれか。

1 ラジオは映像がない分、テレビより言葉で伝える力がある。
2 ラジオは映像がない分、テレビより状況が伝わりにくい。
3 テレビは映像があるのでラジオより分かりやすい。
4 テレビは画面の文字などを読むのに時間がかかる。

[3] 筆者が一番言いたいことは何か。

1 地震の時、停電するかもしれないので注意しよう。
2 地震の時、テレビは使い物にならないから見ないようにしよう。
3 地震の時、詳しい情報を早く得られるラジオを活用しよう。
4 地震の時、電池のスペアを用意しよう。

問題　次の文章を読んで、後の問いに対する答えとして最もよいものを、1・2・3・4から一つ選びなさい。

　　このたび新しくなった「子ども文化会館」からのお知らせです。
　　今までは冷たいコンクリートの建物に展示品がずらりと並んでいるだけで、決して子どもたちが楽しめる場所とは言えませんでした。作品を見て、説明を読んで、頭で理解するのではなく、作品に直に触れて、体で感じながら子どもたちに楽しんでほしいというのが、私たちの一番の願いです。
　　そこで、まず建物を温かみのある木造に建て直しました。ドアや窓をたくさん付け、外の光や風がふんだんに入ってくるように設計されています。展示室の天井にはまるで本物のような雲の浮かぶ空の絵が描かれています。天井に大きな窓があって本当の空が見える部屋もあり、開放的な雰囲気づくりを心がけました。
　　私たちが最も苦心したのは、子どもたちがわくわくするような作品選びです。今回、素晴らしい展示品を集めたことはもちろん、壁に飾られた作品に直接触れる展示室も新たに設けましたし、作品を使って遊べるようなコーナーも作る予定です。昆虫の部屋や温室では、子どもたちが虫や草花に触れることができるように工夫しました。毎週木曜日に行われていた「お母さんと一緒」の手作り教室も運営していきますので、是非お子さんと参加してください。

1. これまでの「子ども文化会館」と変わっていない点は何か。

   1. 建物が木で作られている。
   2. 展示品に触ってはいけない。
   3. 作品を使って遊べるコーナーがある。
   4. 親子で参加する手作り教室が木曜日にある。

2. 子ども文化会館の人が一番苦心した点は何か。

   1. コンクリートの建物を木造に建て直すこと
   2. 子どもがわくわくするような作品を選ぶこと
   3. 子どもが作品に直接触ることができるようにすること
   4. 子どもが昆虫や植物に触ることができるようにすること

3. 子ども文化会館の人たちの一番の願いは何だと言っていますか。

   1. 子どもたちに楽しんでほしい。
   2. 開放的な雰囲気を感じてほしい。
   3. 素晴らしい作品を集めたい。
   4. 子どもと母親に一緒に参加してほしい。

問題　次の文章を読んで、後の問いに対する答えとして最もよいものを、1・2・3・4から一つ選びなさい。

　私は趣味で絵を描いています。旅行も大好きなので、旅行先で絵を描くのは二倍楽しく、良い思い出になります。もちろん一瞬を切り取るという点では写真にかないませんが、一瞬で撮り終わってしまう写真とは違って、ゆっくりと風景を味わえるところが絵の良さなのです。

　絵と言っても簡単なスケッチ(注1)に色を塗ったものですが、それでも風景をよく見ながら同じ色を作って塗るには時間がかかります。写真は一枚撮った瞬間に、気持ちは次の風景に移ってしまいます。その点、絵はいろいろと観察して描きますから、目に焼き付くほど風景をよく見ることになります。

　家に帰って絵を見ると、「きれいな風景」を思い出すだけではなく、その絵を描いた時の音や匂いまで思い出します。それに、絵を描く人は少ないですから、私の下手な絵を褒めてくれたり、風景の説明をしてくれたり、美味しいお店を教えてもらったりして、知らない人と話をするのもいい思い出になります。

　写真も好きで何枚も撮ってきますが、私の描いた一枚の絵のほうが私には大切です。絵にひとこと書いて友達に送ってしまうことが多いので、私のところには半分ほどしか残っていませんが、絵を見て喜んでくれる友達を思うことも、私の楽しみの一つなのです。

(注1) スケッチ：写生（sketch）

1　筆者は写真より絵がいい点は何だと言っているか。

1　ゆっくりと風景を味わえる。
2　家に帰って見ることができる。
3　風景の説明ができるようになる。
4　友達に送ることができる。

2　筆者は絵より写真がいい点は何だと言っているか。

1　同じ風景を何枚も撮れる。
2　絵より瞬間を捉えることができる。
3　絵よりきれいな風景が残せる。
4　写真の方が友達に送って喜んでもらえる。

3　筆者が一番言いたいことは何か。

1　絵も大切だが、友達のほうがもっと大切だ。
2　写真と違って、絵は一枚しかないから大切だ。
3　絵を描くことで旅行が楽しめ、いい思い出を残せる。
4　絵や写真や旅行など趣味を一つはもつべきだ。

問題　次の文章を読んで、後の問いに対する答えとして最もよいものを、1・2・3・4から一つ選びなさい。

　　　園芸はだれもが楽しめるレクリエーションです。園芸活動することは健康にもよく、精神面にもよく、周りの人の気分や環境もよくします。
　　　また、園芸は障害のある人にとって非常に有効であることが、海外では以前から認められています。精神的に障害を持つ人も、植物の世話をしながら自分のまわりの色、形、香りと出会い、働いている自分自身の身体を発見することができるのです。将来のことにまったく関心を示さなくなった人にも、植物がいつ芽を出すか、いつ花が咲くか、次のシーズンには何を植えようかといったことが、将来への関心を持つことにつながります。植物を育てることを学習させることもできますし、指や手の機能回復にも有効です。このように園芸は障害を持った状態を改善し、彼らが環境に適応して生きるためのリハビリ(注1)に有効な手段なのです。
　　　ただ、まだ日本ではこのような園芸療法は国に認められていませんし、園芸療法士という国家資格制度もありません。そのため私のような園芸療法士を一生の仕事として働いている人はまだ全国に数えるほどしかいません。しかし、私はこれからの若い人、特に園芸療法士に興味がある人には是非、園芸療法士を目指してもらいたいと思っていますし、やりがいのある仕事を探している人に是非チャレンジしてほしいと願っています。

(注1) リハビリ(リハビリテーション)：社会生活に復帰するための総合的な治療的訓練

[1] 筆者はどのような立場の人か。

1 園芸家
2 精神科の医者
3 障害を持つ人の家族
4 園芸療法士

[2] この文章はどのような人に向けて書かれたものか。

1 花を育てるのが好きな一般の人
2 園芸でリハビリしている人
3 園芸療法士という仕事に関心のある人
4 園芸療法士として働いている人

[3] 筆者は園芸療法士についてどう思っているか。

1 園芸活動することで園芸療法士も気分転換や健康管理ができる。
2 障害者のリハビリはすべて園芸療法士に任せるべきだ。
3 園芸療法士を国家資格として認めるべきだ。
4 園芸療法士はやりがいのある仕事だから若い人に目指してほしい。

PART 3

종합 이해

분석 및 공략   3 종합 이해

종합 이해 파트   어떤 문제가 어떤 식으로 출제되나요?

1. 「문제 3」은 관련이 있는 복수의 텍스트를 비교하거나 통합하는 문제로, 이것은 신시험의 N1과 N2에서만 출제됩니다.

2. 신문의 칼럼 등, AB 두 개의 텍스트를 비교하며 읽고 공통점이나 서로 다른 점을 비교하는 문제나, 상담 등 텍스트가 하나 제기되어 그 동일한 화제에 대하여 다른 입장으로 쓰여진 두 개의 문장을 읽고, 공통점이나 서로 다른 점을 이해할 수 있는지를 묻는 문제 등이 출제됩니다. 비교적 쉬운 복수의 문제가 나오며, 길이로는 모두 600자 정도입니다.

종합 이해 파트   완전 공략 비법

1. 우선 문제를 읽고 무엇을 답으로 요구하는지를 머리에 넣어 둡니다.

2. 텍스트가 부분적인 질문이나 전체적인 요점을 묻는 문제와, A와 B의 공통점은 무엇인지 / A와 B의 서로 다른 점은 무엇인지 / 필자 A와 필자 B의 입장에 대하여 옳은 것은 어느 것인지 등을 묻는 문제가 1문제씩 나올 확률이 높습니다. 따라서 각각의 의견(반대인지 찬성인지, 비판적인지 같은 의견인지)이나 필자의 생각이 나타나 있는 곳을 체크하면서 읽어야 합니다. 개중에는 찬성도 반대도 아닌, 특별히 의견이 없는 등, 입장이 명확하지 않은 경우도 있기 때문에 그 점에도 주의하며 읽어야 합니다.

3. 기존에 없던 문제라 당황할 수도 있지만 비교적 평이한 문제이므로 침착하게 문제를 풀어 나갈 필요가 있습니다.

유형 맛보기

예제

問題 次の文章は、「相談者」からの相談と、それに対するAとBからの回答である。三つの文章を読んで、後の問いに対する答えとして、最もよいものを1・2・3・4から一つ選びなさい。

相談者：

　私の彼のことで相談したいことがあります。彼は私の誕生日などによくセーターやアクセサリーをプレゼントしてくれるのですが、いつも私の好みではないものを贈ってくれるのです。私はどちらかというと単色ではっきりした色のシャープなデザインのものが好みなのですが、彼からのプレゼントはいつも淡(あわ)い色を多く使った、女の子らしいかわいいデザインのものが多いのです。
　彼のことはとても好きだし、一生懸命(いっしょうけんめい)選んでくれているのがわかるだけに、①私の本当の気持ちを言い出しにくくて困っています。どうしたらよいでしょうか。

回答者：A

　これからも長くお付き合いすることを考えているのなら、やはり彼にあなたの本当の好みを伝えて分かってもらったほうがよいと思います。でもプレゼントをもらったときに「こういうのは好きじゃない」と言うと彼を傷つけてしまうので、ふだんからデートの時にショーウィンドーなどを見ながら、「わたしこんな服が好きなのよ」とか「これ、欲しいなあ」などと言って、彼にそれとなく伝えるようにしてはいかがでしょうか。

回答者：B

　自分で思っているイメージと他人から見たイメージとは違っていることも多いものです。自分では「シャープなデザインが似合う」と思っていても、彼から見ると「かわいらしい感じのデザインが似合うはず」と思っているかもしれません。自分で自分のイメージを決めてしまわずに、一度思い切って身につけてみてはどうでしょうか。新しい自分が発見できるかもしれませんし、彼もそれを期待しているのかもしれませんよ。

예제 풀이

1 ①私の本当の気持ちとは、どんな気持ちか。

1 彼が一生懸命選んでくれているのでとてもうれしい。
2 彼からのプレゼントは私の好みのものでない。
3 淡い色のかわいらしいデザインのものが欲しい。
4 セーターやアクセサリーはもうあまり欲しくない。

2 「相談者」の相談に対するA、Bの回答について、正しいのだどれか。

1 AもBも、彼からの心のこもったプレゼントなので、素直に身につけたほうがよいと言っている。
2 AもBも、長くお付き合いするために相手の好みや考え方に合わせるべきだといっている。
3 Aは相談者の彼の考え方に理解を示し、Bは相談者の好みをより重視する意見を述べている。
4 Aは相談者の好みをより重視し、Bは相談者の彼の考え方に理解を示す意見を述べている。

해석

다음 문장은 「상담자」가 한 상담과 그에 대한 A와 B의 회답이다. 세 가지 문장을 읽고, 다음 질문에 대한 답으로 가장 좋은 것을 1·2·3·4에서 하나 고르시오.

상담자 :

제 남자친구에 관한 것을 상담하고 싶습니다. 그는 제 생일 등에 자주 스웨터나 액세서리를 선물해 주는데요, 언제나 제 취향이 아닌 것을 선물해 줍니다. 저는 굳이 말하자면 선명한 단색의 샤프한 디자인으로 된 것을 좋아하는데, 그에게 받은 선물은 언제나 연한 색을 많이 쓴 여자 아이 같은 귀여운 디자인으로 된 것이 많습니다.

그를 좋아하고 열심히 골라 주고 있다는 것을 아는 만큼, ①제 진정한 마음을 말로 꺼내기 어려워서 곤란합니다. 어떻게 하면 좋을까요?

회답자 : A

앞으로도 오래 사귈 것을 생각하고 있다면, 역시 그에게 당신의 진짜 취향을 전하여 알게 하는 편이 낫다고 생각합니다. 하지만 선물을 받았을 때 '이러한 것은 좋아하지 않는다'고 하면 그에게 상처를 주게 되므로, 평소부터 데이트할 때에 쇼윈도 등을 보면서, 「나 이런 옷을 좋아해」라든가 '이거 갖고 싶다'고 말하는 등, 그에게 넌지시 알리는 것은 어떨까요?

> 회답자 : B
> 스스로 생각하고 있는 이미지와 타인이 본 이미지는 다른 경우도 많은 법입니다. 자신은 「샤프한 디자인이 어울린다」고 생각해도, 그가 보기에는 '예쁘장한 느낌의 디자인이 어울릴 것'이라고 생각하는 지도 모르겠습니다. 스스로 자신의 이미지를 정해버리지 말고, 한 번 과감하게 입어 보는 것은 어떨까요? 새로운 자신을 발견할 수 있을지도 모르고, 그도 그것을 기대하고 있는 것일지도 모르잖아요.

1 ① 제 진정한 마음이란 어떤 마음인가?
1. 그가 열심히 골라 주고 있어서 매우 기쁘다.
2. 그한테 받은 선물은 내 취향이 아니다.
3. 연한 색의 예쁘장한 디자인으로 된 것을 갖고 싶다.
4. 스웨터나 액세서리는 더 이상 별로 갖고 싶지 않다.

2 '상담자'의 상담에 대한 A, B의 회답에 대해서 옳은 것은 어느 것인가?
1. A도 B도, 그의 마음이 담긴 선물이므로 순순히 착용하는 편이 낫다라고 말하고 있다.
2. A도 B도, 오래 사귀기 위해서 상대의 취향이나 사고방식에 맞춰야 한다고 하고 있다.
3. A는 상담자의 남자친구의 사고방식에 이해를 나타내고, B는 상담자의 취향을 보다 중시하는 의견을 말하고 있다.
4. A는 상담자의 취향을 보다 중시하고, B는 상담자의 남자친구의 사고방식에 이해를 나타내는 의견을 말하고 있다.

풀이

- 문제1 -
다음 문제를 풀기 위해서도 상담자의 고민을 파악해 둘 필요가 있습니다.
2~3번째 줄에 '항상 제 취향이 아닌 것을 선물해 준다'고 되어 있습니다."

정답_2 彼からのプレゼントは私の好みのものでない。(그한테 받은 선물은 내 취향이 아니다.)

- 문제2 -
A와 B의 의견을 읽고 요점을 정리해서 써 둡니다. 짧은 문장이므로 키워드에 동그라미를 쳐 두는 것만으로도 대의는 파악할 수 있을 겁니다.
A는 그에게 당신의 진정한 취향을 전하여 알게 하는 편이 좋다고 생각하고 있으며, B는 자신의 이미지를 정해 버리지 말고, 그가 본 이미지도 생각해 보도록 제안하고 있으므로, A와 B의 의견이 다르다는 것만 읽어낼 수 있다면 1번과 2번처럼 'A도 B도'라고 쓰인 것은 제외할 수 있을 겁니다.

정답_4 Aは相談者の好みをより重視し、Bは相談者の彼の考え方に理解を示す意見を述べている。
(A는 상담자의 취향을 보다 중시하고, B는 상담자의 남자친구의 사고방식에 이해를 나타내는 의견을 말하고 있다.)

실전 예상 문제　3 종합 이해

問題　次の文章は、「相談者」からの相談と、それに対するAとBからの回答である。三つの文章を読んで、後の問いに対する答えとして、最もよいものを1・2・3・4から一つ選びなさい。

相談者：
　以前から気になっている男性がいました。彼とお近づきになりたくて、どうにかして携帯電話のメールアドレスを聞こうと、そのタイミングを計っていたところ、今日偶然に、彼が私の友達と話しているところを発見。①このチャンスを逃してはと思い、勇気を出して二人の間に入っていくと、意外にも話がはずんで彼のアドレスをもらうことができたのです。
　うちに帰って来てすぐ彼にメールをしました。ところが、しばらくして彼から一言「また明日ね」と返って来たのです。この「また明日ね」をどう解釈したらいいのでしょうか。もう連絡するなということなのか、言葉通りに「また明日連絡してくれ」ということなのか、気になって眠れません。

回答者：A
　おそらく、あなたは彼と連絡できることに興奮し、一方的に自分のことばかり話してしまったのではないですか。電話であれメールであれ、いつも相手のことを考えて話すように心がけましょう。また、自分の方から話を終えるようにした方が、あなたの余韻を残すことができるかもしれませんね。

回答者：B
　○か×かを判断するには早すぎます。今、彼に夢中でしょうから、その「また明日ね」に大きな意味があると思ってしまうのです。送ってきた相手があなたの友達だったら、言葉通りに受け取りますよね。ちなみに私が彼の立場だったら、「また明日ね」は好印象の人に使うと思います。興味がないなら無視するか、「じゃあね」で終わらせると思います。

|1| ①このチャンスとは、どんなチャンスか。

1　彼に好きだと伝えること
2　彼にメールを送ること
3　彼のメールアドレスを聞くこと
4　彼に「また明日ね」と言うこと

|2|「相談者」の相談に対するA、Bの回答について、正しいものはどれか。

1　AもBも相談者の一方的な話し方を気をつけるべきだと言っている。
2　AもBも相談者の勘違いだから、悩まずに連絡してみるべきだと言っている。
3　Aは相談者の欠点を直すように言い、Bは相談者を励ましている。
4　Aは相談者を励ましているが、Bは相談者の欠点を直すように言っている。

실전 예상 문제   3 종합 이해 ②

問題　次の文章は、「相談者」からの相談と、それに対するAとBからの回答である。三つの文章を読んで、後の問いに対する答えとして、最もよいものを1・2・3・4から一つ選びなさい。

相談者：
　彼女への誕生日プレゼントについて、相談したいことがあります。私は今高校二年生で、今度、彼女が誕生日を迎えます。付きあって三か月ほどですが、女の子と付き合うのは初めてで、どんなプレゼントを送ったらいいかわかりません。一応、無難にネックレスなどのアクセサリーがいいかなと思っています。高校生でアルバイトもできないので、予算の上限は四千円ほどです。アドバイス、よろしくお願いいたします。

回答者：A
　彼女のプレゼントほど悩むものありませんよね。好みは相手によっていろいろなどで、本当に悩みます。最初のプレゼントでしたら、あなたの言うとおり、無難にネックレスがいいのではないかと思います。または、ブレスレットもいいですね。そういうものでしたら、あまり好き嫌いがないので、プレゼントしても、喜んでもらえるかと思います。ネックレスにつけるものは、彼女の誕生石を選ぶのもいいかもしれませんね。

回答者：B
　無難なものをあげるにしても、あなただから選べるものにしたいですよね。お付き合いした三か月で、あなたなりに得た彼女の情報があるはずです。何が好きで、何が嫌いで、どういう趣味があって、どういう好みがあってとかいう、そういうあなたしか知らない情報を活用して、彼女の喜びそうなものを選んであげてください。そうすれば、彼女も自分のために考えて選んでくれたプレゼントだとわかってくれるでしょう。肩の力を抜いて、あなたなりに彼女の気持ちになって選んであげたらいいのではないでしょうか。

1 相談者はどんなプレゼントをあげようと考えていますか。

　　1　三か月付き合ってきてわかった彼女の好みにあったもの
　　2　ネックレスのようなアクセサリー
　　3　人によって、好みの違いがあらわれないもの
　　4　自分のアルバイトでかせいだお金で買えるもの

2 「相談者」の相談に対するA、Bの回答について、正しいものはどれか。

　　1　AもBも彼女が喜ぶ可能性が高いものをあげるべきだと言っている。
　　2　AもBも彼女のことを考え、相談者しか買えないものをあげるべきだと言っている。
　　3　Aは相談者にしかできないプレゼントをすべきだと言い、Bは相談者の考え方に同意している。
　　4　Aは相談者の考え方に同意し、Bは相談者にしかできないプレゼントをすべきだと言っている。

실전 예상 문제 3 종합 이해

問題 次の文章は相談者からのメールと、それに対する友人AとBの返事である。三つの文章を読んで、後の問いに対する答えとして、最もよいものを1・2・3・4から一つ選びなさい。

相談者:

　去年やっと教員試験に受かって、仕事もすごく面白くなってきたところなのに、彼に「留学先のフランスについて来て欲しい。少なくても3年は向こうで暮らすことになる」って言われて…。彼と結婚するつもりでいたけど、①こんなに急な展開になるなんて。小学校の先生になるって夢が実現したばかりなのに、仕事を辞めてまでついて行くべきかどうか迷っているの。自分の夢も大事だし、彼とのことも大事だし、一人でいくら考えても結論が出なくて。どうしたらいいと思う？

友人A

　「若いんだから出会いなんてこれからたくさんあるよ」って言う人もいると思うけど、私は「この人」っていう人との出会いは一生に一度だけだと思う。二人はとてもいいカップルだし、あんなにいい人はそんなにいないと思うわよ。もちろん自分の夢や仕事も大事だろうけど、これから一緒に生きて行く人との方がずっと長い付き合いなわけでしょ。だから、この恋は絶対大切にした方がいいと思う。彼について行くほうが幸せじゃないかしら。

友人B

　確かに難しい問題ね。私も子供の頃から医者になるのが夢で、やっと去年試験に受かったでしょ。だから、迷う気持ちよくわかるな。小学校の先生になるっていう夢のために4年間一生懸命勉強してきたんだもんね。その夢が実現したのにそれを簡単に捨ててしまうなんて、私ならできないと思う。それに、フランスでの生活に満足できなかったら、彼とももうまくいかなくなるんじゃないかな。

1 ①こんなに急な展開とはどんな展開か。

　1　教員試験に思ったより早く受かったこと
　2　仕事が思ったより早く面白くなってきたこと
　3　プロポーズされてフランスに行こうと言われたこと
　4　三年間フランスで暮らすこと

2 AとBの返事について、正しいのはどれか。

　1　AもBも、フランスについて行った方がいいと勧めている。
　2　AもBも、フランスについて行かない方がいいと勧めている。
　3　Aはフランスについて行った方がいいと勧めているが、Bは勧めていない。
　4　Bはフランスについて行った方がいいと勧めているが、Aは勧めていない。

실전 예상 문제 — 3 종합 이해 4

問題　次の文章は「相談者」からの相談と、それに対するAとBからの回答である。三つの文章を読んで、後の問いに対する答えとして、最もよいものを1・2・3・4の中から一つ選びなさい。

相談者：

　私は食品会社の社長をしています。本日はうちの①会社の抱える問題についてご相談があります。それはある程度働いて実力をつけて来た女性社員が、結婚して出産すると辞めてしまうことです。他社に比べて給料は悪くないと思いますし、就職活動する学生にもそこそこ人気があります。実際に男性社員はほとんどやめません。それなのに結婚して子供ができると、ほとんどの女性社員が辞めてしまうのです。法律で決まっている産休(注1)や育児休暇なども実施していますし、どうしてか辞めてしまうのか分かりません。優秀な女性社員に残ってもらうにはどうしたらいいでしょうか。

回答者：A

　私の経験では、子供は育児休暇が終わっても手がかかりますから、希望すれば夕方早く帰って子供の世話ができるとか、給料は下がっても働く時間を短くするなど、もう少し自由に選べるようにしたら効果があると思います。また、それを温かく受け入れてくれる雰囲気がないと肩身の狭い思いをしますので、社内の人たちの意識を変えることも重要でしょう。

回答者：B

　私が子育て中に大変だったことは、子供が急に病気になって保育所(注2)から呼び出しを受けた時でした。もし、社内に保育所のような所があったら、時々顔を見ることもできますし、具合の悪い時、少しでもそばにいてあげる事ができるのにと何度思ったか分かりません。このような企業努力も大切ですし、会社内での子育てに対する意識が遅れていると思いますので、意識の改善も大切だと思います。

　　(注1) 産休：子供を産むために休むこと
　　(注2) 保育所：子供を預けるところ

[1] ①会社の抱える問題とはどんなことか。

1　実力のある女性が結婚して子供ができると辞めてしまうこと
2　他社に比べて給料を十分あげられないこと
3　優秀でない男性が辞めないこと
4　就職活動する学生に人気がないこと

[2] 「相談者」の相談に対するA、Bの回答について、最も適しているのはどれか。

1　Aは社内保育、Bは働く時間の調整を提案し、どちらも社長の意識を変えるように忠告している。
2　Aは働く時間の調整、Bは社内保育を提案し、どちらも社内の人の意識の改善を望んでいる。
3　A、Bともに働く時間の調整を提案し、社内の男性たちの意識に問題があると主張している。
4　A、Bともに社内保育を提案し、企業が法をきちんと守るようにしてほしいと望んでいる。

실전 예상 문제 5

3 종합 이해

問題 次のAとBはそれぞれ別々のコラムである。AとBの両方を読んで、後の問いに対する答えとして最もよいものを1・2・3・4から一つ選びなさい。

A

最近、至る所にコーヒーのチェーン店(注1)があり、若い人を中心に大変人気があるようだ。だが、私のような古い人間は、あんな所で紙コップや特にデザイン性もないマグカップでコーヒーを飲もうとは思わない。やはり、コーヒーを楽しむにはそれなりの雰囲気がないといけない。そうは言っても、今ではそういう昔ながらの喫茶店を見つける事は難しい。昔のように一杯のコーヒーを素敵なカップで味わいながら、クラシック音楽を楽しめる所がどこにあるのか、誰かに聞きたいくらいだ。これからもチェーン店は伸びて行くだろうから、コーヒーの美味しい淹れ方でも習って自宅で飲もうかと考えている。

B

私は大のコーヒー党で、最近はコーヒーチェーン店が増え、美味しいコーヒーがどこでも楽しめるようになって嬉しく思っている。以前はきちんとしたコーヒーを飲もうと思うと、妙にかしこまった所でしかなかったように思う。また中年男性が多く、たばこの煙でのどや目が痛くて、とてもじゃないが長居はできなかった。昔ながらの喫茶店も悪くはないし、実際に中年層を中心にまだまだ人気があるようだが、若い人たちには居心地が悪い。チェーン店はカウンターで注文するだけで、誰にも声をかけられずに思い思いに時間を過ごせるのもいい。これからますますこのようなコーヒー店が増えて行きそうな気がする。

(注1) チェーン店：サービスの内容などに統一性を持たせた店

1　AとBの主張として正しいものはどれか。

1　Aはこれからまた昔ながらの喫茶店の人気が出ると言っている。

2　Bはチェーン店のコーヒーは美味しいがサービスがよくないと言っている。

3　AもBもこれからますますチェーン店が伸びるだろうと言っている。

4　Aは自宅でコーヒーを飲むことが、Bはいろいろなスタイルのコーヒー店が流行ると言っている。

2　AとBはどのような立場をとっているか。

1　Aはコーヒーチェーン店に批判的である。

2　AもBもコーヒーチェーン店に批判的である。

3　Aはコーヒーチェーン店も認めてはいるが、昔ながらの喫茶店が気に入っている。

4　Bは昔ながらの喫茶店もコーヒーチェーン店も気に入っている。

実戦予想問題 6

問題 次のAとBはそれぞれ別の記事である。AとBの両方を読んで、後の問いに対する答えとして、最もよいものを1・2・3・4から一つ選びなさい。

A

牛や豚に伝染(注1)する「口蹄疫」と呼ばれる病気が、宮崎県内で広がっている。このウイルスは伝染する力がとても強いため、口蹄疫にかかっている可能性のある動物は殺すことが法律で義務とされていることから、今回三十万頭近くがその対象になっている。十年前に口蹄疫が広がった時は七四十頭の牛を殺して伝染を止めることができた。今回も早い段階で対策をとっていれば被害がもっと少なくてすんだだろうという声も出ている。宮崎県の子牛は肉の質がよく、高級肉として知られる「松阪牛」の四十％が宮崎生まれだというが、これから宮崎の子牛が手に入りにくくなり、肉の値段が高くなってしまうのではないかと心配だ。

B

牛や豚など、足の先の爪、つまり蹄が二つに割れている動物に伝染することから名が付いた「口蹄疫」という病気は、人間には移らない。しかし、このウイルスは人や車にくっついて広がる恐れがあるので、人の移動を制限したり、大勢の人が集まる行事を中止したりする必要がある。口蹄疫が広がる宮崎県では、伝染したかどうかにかかわらず、牛や豚を処分することに決めたため、三十万頭近くが殺されてしまう。牛や豚などを飼っている人たちは、愛情を込めて育てた動物たちを殺さなくてはならないのだから、とてもつらいだろう。生活も苦しくなるだろう。一日も早く口蹄疫という病気がなくなって、人も動物も元気になってくれるように祈っている。

(注1) 伝染：病気が移ること

[1] AとBのどちらの記事にも触れられている内容はどれか。

1 なぜ口蹄疫という名前がついたか
2 10年前の口蹄疫の話
3 今回殺されることになった牛や豚の数
4 今後、肉の値段が上がるだろうということ

[2] 口蹄疫について、AとBの筆者はどのような立場をとっているか。

1 Aは消費者の心配を、Bは牛や豚を飼っている人たちの心配をしている。
2 Aは病気の動物を殺すべきだと考え、Bは殺すべきではないと考えている。
3 AもBも宮崎県のことを心配している。
4 AもBも政府の対策が遅れたことを責めている。

PART 4

주장 이해 (장문)

분석 및 공략   4 주장 이해

주장 이해 파트 어떤 문제가 어떤 식으로 출제되나요?

1. 하나의 지문(900자정도)에 3문제가 출제됩니다.
2. 논리 전개가 비교적 명쾌한 논평 등, 900자 정도의 텍스트를 읽고, 전체적으로 전하고자 하는 주장이나 의견을 파악할 수 있는지를 묻는 문제가 출제됩니다.

주장 이해 파트 완전 공략 비법

1. 「문제 2 내용 이해(중문)」보다도 더 넓은 부분이나 전체를 정확하게 이해하는 것이 요구됩니다.
2. 900자의 장문을 읽는데는 에너지가 필요하고, 문제가 3문제나 되므로 진지하게 읽어야 합니다. 단, 문제에서 묻는 부분에는 텍스트에 밑줄이 쳐 있으므로 그것을 주의하면서 읽어 나갑시다.

유형 맛보기

예제

問題　次の文章を読んで、後の問いに対する答えとして、最もよいものを1・2・3・4から一つ選びなさい。

　　勝ち組、負け組って何だろう。
　　春先は入学や就職など、進路が決まったり決まらなかったりする季節である。
　　ゲームならルールがあって明確だ。しかし、われわれ「人」の勝ち負けに、世界共通の基準などあるのだろうか。勝ち負け―つまり成功の基準は、人によりさまざまなはずだ。同じ一個人でも時と場合によっては、ちがってくる。
　　（中略）
　　試験は合格が「勝ち」で不合格は「負け」。資格試験であれば、取得できれば成功、できなければ不成功。とてもわかりやすい。
　　ただ、これも試験そのものの基準であって、人を組分けする基準ではない。受験者はそれぞれ個別の事情や目標をもっている。受験に至るまでの、そのような一切(注1)を評価するのは本人であり、他人がとやかく言う問題ではない。

では、どうしてまわりの評価や基準が気になるのだろう？ それは、自分の中で成功の基準を持っていない、意識していない人が多くなっているからではないか。毎日の生活の中で、何ができればいいのか、どう感じることが幸せなのかを、ちっとも考えなくなっているからではないか。

自分の基準がないから、まわりを気にする。他人と比べるから、勝ち・負けの発想に傾いてしまう。しかもその際、他人の基準を使うから、どうしたってストレスがたまるし、勝つよりは負けるほうが多くなる。

私自身、30代までは、まわりの評価を基準にしていた。そしてあるとき「一生こうして生きるのか？」と考えたら、そもそも「自分はどう生きたいのか？」を、まじめに考えたことすらないことに気づいた。

その後、会社を辞め、独立もしてみた。再就職も何社かした。だが、たいして変わらなかった。今にして思えば、そのとき自分がやったことは、「まわりを変える」ことであって、肝心の(注2)①「自分を変える」ことではなかったからだ。

40半ばを過ぎ「自分の成功基準を持つ」大切さに気づいた。生活の中に数々の成功基準を持つことで、一日の生き方は、どんどん意識的なものになる。たとえば、朝早起きできれば成功、その後ジョギングをして、道すがら(注3)何か発見があればこれまた成功、気持ちよく仕事に行ければ大成功、夜仲間と飲めれば大大成功！といった具合だ。

われわれは②われわれ自身の「ゲーム」の主役だ。ルールは自分で決めて打ち込めば(注4)、毎日はスリリング(注5)で楽しいものになる。

（注1）一切：すべて
（注2）肝心の：もっとも重要な
（注3）道すがら：途中で
（注4）打ち込む：何かをいっしょうけんめいする
（注5）スリリング：わくわくすること

1 ①「自分を変える」こととは、どのようにすることか。

1 自分が本当にやりたかった職業につくこと
2 負けた時にも成功だと思える人になること
3 毎日の生き方の中に自分の基準を持つこと
4 まわりの評価を基準にする人間になること

예제 풀이

2 ②われわれ自身の「ゲーム」が意味していることは何か。
1　自分の生き方や生活　　2　ジョギング中の発見
3　成功の基準を探すこと　　4　自分に合っている仕事

3 筆者がこの文章で一番言いたいことはどんなことか。
1　まわりの評価を基準にしたとき自分の生き方が成功だったとしても、自分が本当に満足していなければ成功とは言えない。
2　まわりの基準による勝ち負けの発想を捨て、自分で決めた成功基準を自分の行動に当てはめて生活することが大切である。
3　人生で勝ち組に入るにはまわりの評価や基準を気にせず、世界共通の基準を意識して自分の中に取り入れるべきである。
4　一日の生き方で大切なことは、朝早く起き、適度な運動をし、気持ちよく仕事をし、夜仲間と楽しくつきあうことである。

해석

다음 문장을 읽고, 다음 질문에 대한 답으로 가장 좋은 것을 1·2·3·4에서 하나 고르시오.

승자, 패자란 무엇일까.
초봄은 입학이나 취직 등, 진로가 결정되기도 하고 결정되지 않기도 하는 계절이다.
게임이라면 룰이 있어서 명확하다. 그러나 우리들「사람」의 승부에, 세계 공통의 기준 등이 있을까? 승부 – 즉 성공의 기준은 사람에 따라 각양각색일 것이다. 같은 한 개인이라도 때와 경우에 따라서는 달라진다.
(중략)
시험은 합격이 '승'이고 불합격은 '패'. 자격시험이라면 땄다면 성공, 못 땄다면 실패. 매우 알기 쉽다.
단, 이것도 시험 그 자체의 기준이지, 사람을 구분하는 기준이 아니다. 수험자는 각각 개별의 사정이나 목표를 가지고 있다. 수험에 이르기까지의, 그러한 모든 것(주1)을 평가하는 것은 본인이지, 남이 이러쿵 저러쿵 말하는 문제가 아니다.
그러면 어째서 주변의 평가나 기준이 신경 쓰일까? 그것은 자기 안에서 성공의 기준을 가지고 있지 않고, 의식하지 않는 사람이 많아졌기 때문이 아닐까? 매일의 생활 속에서 무엇을 할 수 있다면 좋을지, 어떻게 느끼는 것이 행복한 것인지를, 조금도 생각하지 않게 되었기 때문이 아닐까?
자신의 기준이 없기 때문에, 주변을 신경 쓴다. 남과 비교하기 때문에, 승·패의 발상으로 기울고 만다. 게다가 그 때 남의 기준을 사용하기 때문에, 어떻게 하였든 스트레스가 쌓이고, 이기는 것 보다는 지는 쪽이 많아진다.
나 자신도 30대까지는 주변의 평가를 기준으로 삼았다. 그리고 어느 날 '평생 이렇게 사는 건가?' 하고 생각해 보니, 처음부터 '나는 어떻게 살고 싶은가?'를 진지하게 생각한 것조차 없다는 것을 알게 되었다.
그 후 회사를 그만두고 독립도 해 보았다. 몇 곳인가 재취직도 했다. 하지만 그다지 바뀌지 않았다. 지금에 와서 생각하니, 그 때 내가 한 것은 '주변을 바꾸는' 것이지, 가장 중요한(주2) ① '자신을 바꾸는' 것이 아니었기 때문이다.

마흔 중반을 지나 '자신의 성공 기준을 갖는' 중요함을 알게 되었다. 생활 속에 수많은 성공 기준을 가짐으로써, 하루의 삶에 대한 태도는 더욱 더 의식적인 것이 된다. 예를 들면 아침 일찍 일어나면 성공, 그 다음에 조깅을 하고 도중에(주3) 무언가 발견을 하면 이것 또한 성공, 기분 좋게 일하러 갈 수 있으면 대성공, 밤에 동료와 한 잔 할 수 있으면 대대 성공! 이라는 식이다.

　　우리들은 ②우리들 자신의 '게임'의 주역이다. 룰은 스스로 정해서 몰두하면(주4), 매일은 스릴(주5) 있고 즐거워진다.

주1 일체 : 모든 것
주2 소중한 : 가장 중요한
주3 길을 가면서 : 도중에
주4 몰두하다 : 무언가를 열심히 하다
주5 스릴링 : 두근거리는 것

1　① '자신을 바꾸는' 것이란 어떻게 하는 것인가?
　1　자신이 정말로 하고 싶었던 직업에 종사하는 것
　2　실패했을 때에도 성공이라고 생각할 수 있는 사람이 되는 것
　3　매일의 삶 속에 자신의 기준을 갖는 것
　4　주변의 평가를 기준으로 삼는 사람이 되는 것

2　② 우리들 자신의 '게임'이 의미하고 있는 것은 무엇인가?
　1　자신의 삶이나 생활
　2　조깅 중의 발견
　3　성공의 기준을 찾는 것
　4　자신에게 맞는 일

3　필자가 이 문장에서 가장 말하고 싶은 것은 무엇인가?
　1　주변의 평가를 기준으로 삼았을 때 자신의 삶에 대한 태도가 성공이었다고 해도, 자신이 정말로 만족하지 않았다면 성공이라고 말할 수 없다.
　2　주변의 기준에 의한 승패 발상을 버리고, 자신이 정한 성공 기준을 자신의 행동에 적용하여 생활하는 것이 중요하다.
　3　인생에서 승자에 들어가려면 주변의 평가나 기준을 신경쓰지 말고, 세계 공통의 기준을 의식하여 자기 안에 도입해야 한다.
　4　하루를 사는 데 중요한 것은 일찍 일어나고 적당한 운동을 하고 기분 좋게 일을 하며, 밤에 동료와 즐겁게 지내는 것이다.

풀이

- 문제1 ―　그 때 내가 한 것은 '주변을 바꾸는' 것이지, 가장 중요한 ①'자신을 바꾸는' 것이 아니었기 때문이라고 쓰여 있고, 그 다음을 계속 읽으면 다음 줄에 마흔 중반을 지나 '자신의 성공 기준을 갖는' 중요함을 알게 되었다고 쓰여 있습니다.
　　　　　정답_ 3　毎日の生き方の中に自分の基準を持つこと (매일의 삶 속에 자신의 기준을 갖는 것)

- 문제2 ―　지시어와 같이 적용해 보아 문장의 뜻이 통하는 것을 고릅니다.
　　　　　정답_ 1　自分の生き方や生活 (자신의 삶이나 생활)

- 문제3 ―　텍스트의 대의를 파악하는 것이 중요하지만, 그 밖에도 ' ' 안에 들어있는 단어를 체크해 보는 방법도 있습니다. 이 텍스트에서는 '사람' '승' '패' '평생 이렇게 사는 건가?' '자신은 어떻게 살고 싶은가?' '주변을 바꾼다' '자신을 바꾼다' '자신의 성공 기준을 갖는다' '게임' 등이 있습니다. 그 밖에 가장 중요한, 중요함, 성공과 같은 단어에 주목해 읽어 나가면, 말하고자 하는 것은 파악할 수 있을 겁니다.　　정답_ 2

問題　次の文章を読んで、後の問いに対する答えとして最もよいものを、1・2・3・4から一つ選びなさい。

　私たちは社会の中で暮らしています。そして、社会というのは多くの人が集まっていくつものコミュニティを形成しているという事実を考えると、私たちは好むと好まざるとにかかわらず、他人との関係の中で生きていることになります。決して一人では何もできないということです。
　そこで社会に生きる私たちにとって重要なことは、人との関係すなわち人脈です。その人脈ですが、どのようにすればよい人脈を作ることができるのでしょうか。
　①よい人脈を作るためには、自分の利益を優先することなく、まずは相手に自分がどのような貢献ができるかを考えて行動することです。自分が何かを得ようとして近づこうとすれば、相手にすぐにわかってしまいます。本当に今後とも長い付き合いをしたいと思う人と知り合うことができたら、その人のために自分がどんな価値を提供できるかを考えて実行するだけでいいのです。
　もちろんいくら貢献しても、見返り(注1)を期待してはいけません。見返りを期待すると、「自分はこんなに一生懸命相手に貢献しているのに、相手は全く自分のことを考えてくれない」という考えが起こり、信頼関係にひびが入りかねません。
　本気でその人のために、何の見返りも期待せずに貢献しましょう。ギブアンドテイク(注2)という言葉もありますが、相手からテイクを期待すると長い付き合いにはなり得ません。ただ普通、人間には②返報性という習性があり、与えてもらえば何も要求されなくてもお返しをしたくなるものなのです。
　返報性とは、たとえばスーパーなどの試食で販売員から勧められて商品を食べた時に「ここまでしてくれたのだから買わなければ悪いな」という気持ちになることです。だれしも人から何かを与えられれば、与え返さずにはいられないという当たり前の気持ちなのです。
　ですから、あなたの貢献に対して普通の感覚を持った人であれば、言われなくても「何かお返しをしなくてはいけないな」という気持ちになり、いつかはあなたの行動も報われる(注3)日が必ずやってくるはずです。
　このように最終的にはギブアンドテイクの関係になって、より信頼を深め、いい人脈を作ることができるようになります。

(注1) 見返り：人が自分にしてくれたことにこたえて、その人に何かをしてあげること
(注2) ギブアンドテイク(give-and-take)：相手に利益を与え、自分も相手から利益を得ること
(注3) 報われる：与えた恩や労力などに対して、ふさわしいお返しを受けること

1　筆者は①よい人脈を作るためにまず何をすべきだと言っているか。
　1　自分が相手にどんな貢献ができるか考える。
　2　自分が何かを得ようとして近づく。
　3　どうすれば長い付き合いができるか話し合う。
　4　相手の価値観に自分を合わせるよう努力する。

2　②返報性とは、どんな性質か。
　1　スーパーなどで試食をしたがる性質
　2　何かをもらえば、自然と何かを返したくなる性質
　3　だれしも人から何かを与えられれば、うれしいと思う性質
　4　ギブアンドテイクの関係になりたいと思う性質

3　筆者がこの文章で一番言いたいことはどんなことか。
　1　私たちは好むと好まざるとにかかわらず、他人との関係の中で生きなければならない。
　2　一生懸命相手に貢献しても、人は自分のことを考えてくれないことが多い。
　3　人脈を深めるためにはまず相手に見返りを期待せずに与えなければならない。
　4　相手に近づこうと努力すれば、いつかは報われる日が必ずやってくる。

실전 예상 문제 4 주장 이해 (장문) 2

問題　次の文章を読んで、後の問いに対する答えとして最もよいものを、1・2・3・4から一つ選びなさい。

　昔の日本人にとって「話さないこと」は自然だった。しかし現代は「コミュニケーションの時代」と言われ、会話による意思疎通が苦手な人は、プライベートにおいてもビジネスにおいても、取り残されやすい傾向にある。
　①一昔前なら、「話さないタイプ」の人に対する評価は低くなかった。自分から積極的に話さない女性は「奥ゆかしい(注1)」と言われ、男性も、めったに話さない人の方が「重厚(注2)」なイメージで捉(とら)えられていた。
　ところが現代は、「話さない」ことは「社会適応力の低さ」とイコールで語られるようになってきた。現代は「話さない人」にとっては生きにくい時代であり、「話さないこと」が問題とまで見なされるようになってきたのだ。
　では、こうした「話さないタイプ」の人は、どうやって、このコミュニケーション重視の世の中を渡っていったらいいのだろうか。
　その解決法として、普段、少しずつでも話す機会を広げていくというのはどうだろう。たとえば、会社で人と話すのが苦手だという人は、あいさつだけでもできるようにしてみることだ。朝、出社した時や夕方、退社する時、下を向きながら「おはよ…ございます……」「お先…失礼しま……」と消えそうな声であいさつするのではなく、だれか一人に対してでもいいから、その人の目を見て、「おはようございます」「お先に失礼します」と言ってみよう。
　あいさつが与えるインパクトは、強力だ。普段会話の機会が少なくても、気持ちよくあいさつをしてくれる人に対しては、悪い印象を抱く人は少ないものだ。それに慣れたら、②「一往復(おうふく)半のあいさつ」にトライしてみることだ。「おはようございます」「お疲れさまでした」などの決まり文句を往復したら、そこに勇気を出してもう一言、投げかけてみるのだ。「今日はいい天気ですね」「今日も遅いんですか?」というように。
　だれもが交わす決まり文句を誘(さそ)い水(注3)にして、次の言葉を投げかければ、比較的スムーズに会話ができるはずだ。「日課」として毎日続けていけば、あいさつへの緊張感(きんちょうかん)も解けて、周りの人にも話しかけやすくなっていくのではないだろうか。

(注1) 奥ゆかしい：上品で謙虚で、心がひかれる
(注2) 重厚：重々しく、落ち着いていること
(注3) 誘い水：あることのきっかけとなること

1 ①一昔前と現代とでは、何が違うか。

　1　プライベートに対する考え方
　2　話さないタイプの人への評価
　3　男性と女性のタイプの違い
　4　社会へ適応する力

2 ②「一往復半のあいさつ」とは何か。

　1　出社、退社時にするあいさつ
　2　消えそうな声でするあいさつ
　3　決まり文句の次にするあいさつ
　4　天気を聞くあいさつ

3 筆者がこの文章で一番言いたいことはどんなことか。
　1　現代では、話さないタイプの人への評価が低いので、そういう人は少しずつでもいいから話す努力をしたほうがいい。
　2　現代では、話さないタイプの人を低く見る傾向があるので、それを改善して昔のようにすべきだ。
　3　普段会話の機会が少なくても、気持ちよくあいさつをしてくれる人に対しては、悪い印象を抱く人はあまりいないものだ。
　4　話さないタイプの人は、コミュニケーションの時代に適応するように努力は必要だが、あまり周りを気にせずにゆっくりやっていけばいい。

問題　次の文章を読んで、後の問いに対する答えとして最もよいものを、1・2・3・4から一つ選びなさい。

　年がいもなく子ども向けのゲームに夢中になってしまった。一番のお気に入りはペットを育てるゲームだ。登録すると携帯電話の画面上に動物が現れ、世話をすると次第に成長していく、というものだ。世話といっても、ただ携帯電話のボタンを押すだけだ。「食事」や「運動」、「風呂」を選択し、決定ボタンを押し続ける。そのうち、ペットはだんだん色々なことを覚えていく。何日か世話を忘れると病気になったり死んでしまったりするので、かわいそうでゲームを途中でやめることができない。

　ところで、気になるのが「無料で遊べる」という宣伝文句。確かに、普通の世話だけなら通信料しかかからないが、芸をしこんだりして色々と習わせるには別料金がかかる。

　公立の学校に通わせるより有名な私立の学校に入れ、塾に通わせ、習い事をさせる方が子どもを成功者に育てやすいということなのだろうか。①そんな現実を子どもたちに疑似(注1)体験させているとしたら悲しい気がするが、実際、このゲームの世界では、金をかけて特別な世話をしないと絶対にクリアできない課題がいくつもある。

　そして、ゲーム内での出世競争に勝つために必要なお金。それはゲーム通貨の形で投入され、「300円」とか「5000円」とは表示されない。しかも、携帯電話の画面上で決定ボタンを押すだけで買うことができる。現実感の薄さと手軽さからついつい買ってしまい、後で携帯会社からの料金請求額に月数万円が加算されているのに気づき、驚くこともしばしばある。こうした「基本的に無料だが、有料部分をゲーム設計に入れる」、いわゆる②アイテム課金モデルは、最近の携帯ビジネスモデルの主流になりつつあるようだ。

　だが、本当にこれでいいのだろうか。サイトの入り口の画面には「無料」とだけ書かれていて、「有料」の文字は見つからない。もちろんゲーム通貨を買う直前には、利用規約なども表示される。しかし、利用者には10代前半の子どもも多い。実際、各地の消費者相談窓口には「知らない間に子どもが何万円分ものゲーム通貨を買ってしまった」などという相談が寄せられているという。携帯会社やゲーム運用会社は、そろそろ注意を喚起(注2)するなどの対応をとるべきではないだろうか。

(注1) 疑似(ぎじ)：よく似ていること
(注2) 喚起(かんき)：注意・自覚・良心などをよびおこすこと

1 ①そんな現実とはどういうことか。
  1 普通の世話だけなら通信料しかかからないこと
  2 子どもを成功させるために、いろいろとお金をかけること
  3 ゲームの世界でも様々な課題があること
  4 携帯電話の画面上で決定ボタンを押すこと

2 ②アイテム課金モデルの具体例は何か。
  1 ゲームの動物を世話するために携帯電話のボタンを押すこと
  2 芸をしこんだりして色々と習わせるには別料金がかかること
  3 特別な世話をしないと絶対にクリアできないこと
  4 画面には「無料」の文字はあるが、「有料」の文字がないこと

3 筆者がこの文章で一番言いたいことはどんなことか。
  1 大人が年を考えずに携帯電話のゲームなどはしないほうがいい。
  2 携帯電話のゲームはすぐに夢中になりやすいので注意しなければならない。
  3 10代前半の子どもが、何万円も払って携帯電話のゲームをするのは問題だ。
  4 子どもの利用も多いのだから、携帯電話のゲームの使用料をはっきりさせるべきだ。

실전 예상 문제 — 4 주장 이해 (장문)

問題　次の文章を読んで、後の問いに対する答えとして最もよいものを、1・2・3・4から一つ選びなさい。

　私は映画が好きで、映画館にもよく行くし、テレビの映画もよく見る。特に外国映画は話の筋が面白いだけでなく、景色や言葉など、全く違う世界にいるような気になれる点がいい。外国映画を見る場合、吹き替え(注1)と字幕(注2)があるが、私は吹き替えがどうも好きになれない。録画して見るのを楽しみにしていた映画が、声優の吹き替えだとがっかりしてしまう。フランス人の俳優はフランス語で、韓国人の俳優は韓国語で話していないと、映画の世界に浸ることができないのだ。

　私はほとんどの人が吹き替えより字幕を好むと思っていたのだが、どうも①そうでもないらしい。映画のビデオを借りに行ってみると、人気のある映画などはどちらも用意されている。確かに、早口のせりふや面白みのある場面は吹き替えのほうが自然に伝わるだろう。

　翻訳者の友人に聞いたことがあるのだが、字幕は基本的に1行に10字、2行までと決められているため、表すことができる情報量が30%位になってしまうそうだ。確かに、耳で聞くのと同じスピードで文字を読むことはできないし、文字を読むことだけに集中してしまっては、俳優の表情などを楽しむ余裕がなくなるから、②それもしかたがないだろう。

　吹き替えなら、原語(注3)で話している長さと日本語のせりふを合わせなければならないという事はあるが、ずっとたくさんのことを伝えることができる。たとえば、一つの場面で複数の人が話していても大丈夫だし、食事しながら見ていても話が分からなくなったりしない。それで午後7時から11時までの番組は主に吹き替えなのだろう。

　いずれにせよ翻訳されたものである以上、字幕でも吹き替えでも原語の微妙な部分まで表現するのは難しい。だがその一方で、"Here's looking at you kid."を「君の瞳に乾杯」と訳した『カサブランカ』の一場面のように、逆に翻訳の力で作品やせりふが魅力的になることもある。

　情報量の多さや楽に見られることなどを考えれば吹き替えが良いし、原語の雰囲気を壊さないという点では字幕の方が上だが、そのどちらも満足できるような映画翻訳というのはできないものだろうか。

(注1) 吹き替え：外国映画のせりふを日本語に訳して吹き込むこと
(注2) 字幕：映画やテレビで、せりふを文字で映すもの
(注3) 原語：翻訳したもとの外国語

[1] ①そうでもないらしいとあるが、何がそうでもないのか。
1　外国映画は特にストーリーを楽しめる。
2　外国映画は全く違う世界に入り込める。
3　字幕より吹き替えを好む。
4　吹き替えより字幕を好む。

[2] ②それもしかたがないとあるが、何がしかたないのか。
1　字幕があると、俳優の表情などが楽しめなくなること
2　字幕があると、文字を読むことだけに集中してしまうこと
3　耳で聞くのと同じスピードで文字を読むことができないこと
4　字幕で表すことができるせりふの量が限られていること

[3] 筆者は映画の翻訳についてどう考えているか。
1　個人的には字幕が好きだが、字幕も吹き替も長所、短所がある。
2　個人的には吹き替えが好きだが、字幕も吹き替えも長所、短所ある。
3　どちらでも満足できるような映画字幕ができる日も近いと思っている。
4　どちらでも満足できるような映画字幕はできないと思っている。

問題　次の文章を読んで、後の問いに対する答えとして最もよいものを、1・2・3・4から一つ選びなさい。

　日本人はまじめな国民性を持っているとよく言われる。確かに本来まじめな人が多く、「がんばる」と思わなくても自然とがんばってしまい、逆にプレッシャー(注1)を受け、硬くなって実力を発揮できないということもある。
　近ごろはやや変化が見られるが、少し前までは外国のオリンピック選手のインタビューを聞いて、日本の選手との違いにびっくりしたものだ。外国の選手は楽しんでやれて良かったという人が多く、「楽しむ」ことに重点を置いていたが、一方の日本選手団は「一生懸命がんばります」、「応援してくれているみなさんのためにがんばります」と真剣な顔で言うのだ。そのくせ結果はあちらの方が上だったりするのでまいってしまう。
　確かに、私たちは自分にも他人にも「がんばって」としばしば口にする。スポーツの大会などでも選手は「がんばります」と言うし、ほとんどの親は子供に「がんばって勉強していい成績をとりなさい」と言う。また、病気の人を見舞う時も「がんばって早く良くなってください」と声をかけたりする。
　しかし、考えてみると、①この言葉の意味はかなりあいまいな気がする。そう思ったのは、昔の同僚が交通事故で一生歩けなくなってしまった時である。彼はよく「足が不自由でもがんばってね」と言われたが、それは裏を返せば足が不自由イコール不幸という意識があるように思えたと言っていた。足が不自由になって不便になったということはあるが、そう言われるたびに、仕事も家庭も持ち十分に幸せに生きているのに、と感じたのだそうだ。
　また、体の不自由な子に先生が「がんばれ」と何度も声を掛けていたら、その子はこう言ったそうだ。「私はがんばっているのに、いくらがんばっても、がんばれって言われる」と。先生は応援する気持ちで言ったつもりだろうが、かえってプレッシャーを与えていて逆効果だったのだ。
　このように、確かに「がんばる」という言葉は、何を、どの程度、どうすればいいのかがはっきりしない。深く考えずに使っていた言葉だが、よく考えてみると「がんばる」という言葉は、心に余裕がない感じがするし、②時には無神経(注2)な響きがあることに気づかされたのである。

(注1) プレッシャー：精神的に強い重みがかかること
(注2) 無神経：他人の感情を気にかけないこと

1 どうして①この言葉の意味はかなりあいまいな気がすると考えたのか。
   1 言葉の裏を返して考えないとはっきりしないから
   2 意味の裏を考えないとかえって逆効果になってしまうから
   3 何を、どの程度、そうすればいいのかはっきりしないから
   4 深く考えないと分からないから

2 どうしてがんばれという言葉には②時に無神経な響きがあるのか。
   1 自分で自分に言うから
   2 年齢が上の人が下の人に使う言葉だから
   3 がんばっていても、さらに要求される感じを受けるから
   4 病気や体の不自由な人に使う言葉だから

3 「がんばれ」という言葉について、筆者が一番言いたいのはどんなことか。
   1 いい結果が出ることが多いので、もっと使ったほうがいい。
   2 いい結果が出ないことが多いので、使わない方がいい。
   3 意味があいまいなので、使わない方がいい。
   4 プレッシャーを与えることもあるので、よく考えて使った方がいい。

실전 예상 문제
4 주장 이해 (장문)

問題　次の文章を読んで、後の問いに対する答えとして最もよいものを、1・2・3・4から一つ選びなさい。

　樹木葬は日本の普通の葬式ともお墓とも違います。簡単に言えば、木や花を植えた下に骨を埋めるものです。大きな墓石のかわりに木を植えるため、一般の墓地とは違って、自然の山とほとんど変わりません。
　樹木葬の方法は、まず1メートル程度土を掘って、その中に骨をそのまま埋めます。そして、その上に木を植えます。普通はその山に育つ木を植えますが、自宅で育てた木を植えてもらうことも可能だそうです。木は毎年育ちます。花をつける木もあります。ですから、お墓にお参りするたびに木や花の成長を楽しむことができます。死んだ人の命のかわりに新しい命が育っていると感じられて、初めて体験した時は感動しました。
　私が樹木葬にしたのは、友人の樹木葬に行ったことがきっかけでした。以前から樹木葬のことは聞いて知ってはいましたが、実のところあまり関心がありませんでした。それが先日、親しい友人が亡くなり、自分の葬式のことを考えるようになりました。
　自分が死んだあと子孫や家族に面倒をかけたくないという人や、お墓を継ぐ人がいないからという人、死んだあとは自然の土に還りたいからという人まで、樹木葬を選択する人が増えていると聞きます。家族のいない私は、血がつながっていない人でも一緒にお墓に入ることができるという点が一番気に入って、私と同じような友だちに話をしてみました。そして、その友だちを樹木葬の山に連れて行き、亡くなった友人の墓にも一緒に行って来たのです。お墓に行ってきたというより山に森林浴(注1)に行ってきたような気分がしたと彼が言うのを聞いて、やはり自分と同じ感想を持ったのだと思いました。私も木を見ているうちに、亡くなった友人が自然に還ってここに生きているという気がしてきて、友を失った悲しみが薄らぐのを感じたと、彼に話しました。ただ、彼が最終的に私の考えに賛成してくれた理由は、環境のことを考えてのことでした。植えた木がやがて育って山として守られるので、環境にもいいからです。いずれにせよ、私たちは①先に述べたように、墓地より山に行く方がずっといいということで、今回樹木葬に申し込むことにしたのです。

(注1) 森林浴：森林に入り、精神的な安らぎと爽快な気分を得ること

[1] ①先に述べたようにとは、どういうことを指しているか。

1 死んだあとは自然の土に還りたいということ
2 友だちが筆者の考えに賛成してくれたということ
3 森林浴したような気分になるということ
4 植えた木が山として守られるので環境にいいということ

[2] 筆者が樹木葬にしようと決めた一番の理由は何か。

1 人とは違う変わった葬式やお墓にしたいから
2 死んだあと家族に面倒をかけたくないから
3 血がつながっていない人でも一緒にお墓に入れるから
4 木を見ていると死に対する悲しみが薄らぐから

[3] 筆者の友だちも一緒に樹木葬を申し込むことにした理由は何か。

1 筆者の樹木葬に行きたいから
2 筆者と同じお墓に入れるから
3 他にお墓を準備していないから
4 樹木葬は環境にいいから

HOW TO

PART 5

정보 검색

N2

분석 및 공략   5 정보 검색

정보 검색 파트   어떤 문제가 어떤 식으로 출제되나요?

1. 통지나 팸플릿 등 여러가지 정보 소재 (700자정도) 안에서 필요한 정보를 찾아낼 수 있는지를 묻는 문제가 출제됩니다.
2. 전체 내용을 정확하게 이해하는 것보다도 텍스트 안에서 목적이나 과제에 맞추어 필요한 정보를 재빠르게 찾아내는 것에 중점을 둔 것으로, 「문제 3」과 마찬가지로 새롭게 추가된 문제입니다.

정보 검색 파트   완전 공략 비법

1. 필요한 정보를 찾아낼 수 있는지를 묻는 문제이기 때문에 구석구석 차분히 읽고 이해하는 것이 아니라, 읽는 목적에 맞게 필요한 곳만을 찾거나, 골라서 읽거나 해야 합니다.
2. 정보 소재로는 광고·팸플릿·정보지·비즈니스 문서·아르바이트 모집 광고·세미나 안내문·도서관의 이용 안내 등 다양한 텍스트가 예상되며, 전체적으로 훑어 본 뒤 필요한 정보를 재빨리 정보를 캐치하여 차분하게 정답을 선택해 주십시오. 필요 없는 부분을 읽는 것에 시간을 들여서는 안됩니다.

♠ 유형 맛보기

예제

問題 次は、「かすみ市」の市立図書館の利用案内である。下の問いに対する答えとして、最もよいものを1・2・3・4から一つ選びなさい。

☐1☐ かすみ市に住んではいないが市内で働いている人が、図書館カードを作るとき何が必要か。
1 現住所が確認できるもの
2 通勤・通学が確認できるもの
3 現住所と通勤が確認できるもの
4 現住所が確認できるものと外国人登録証

☐1☐ 図書館カードを見せれば雑誌を借りることができるか。
1 合計8冊までなら借りることができる。
2 館内で読めるが借りることはできない。
3 どれでも1人5冊までなら借りられる。
4 最新号以外は1人5冊まで借りられる。

かすみ市立図書館利用案内

☆図書館カードの新規作成

※ 図書やCD等の資料を借りるには図書館カードが必要です。

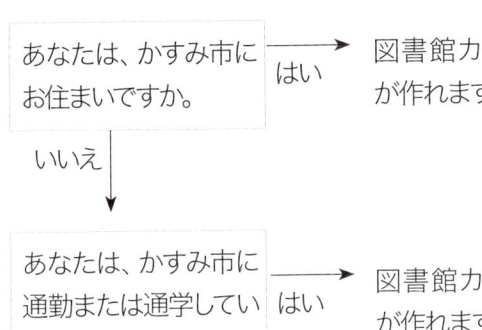

運転免許証、健康保険証、自分あての郵便物など現住所が確認できるものをお持ちください。外国人の方で6か月以上滞在の場合は外国人登録証があればカードが作れます。

上記の現住所が確認できるものに加えて、学生証、社員証など通勤・通学が確認できるものをお持ちください。

図書館カードは作れませんが、館内での図書の利用は可能です。

☆図書館カードの更新

図書館カードの有効期限は3年間です。有効期限が過ぎる前に、カードの更新をしてください。
更新に必要なもの：古いカードおよび新規申込時と同様の証明書をお持ちください。
※ 古いカードで借りたまま返していない貸し出し図書がある場合は更新できません。

☆貸し出し冊数

| 図書(本・雑誌) | 1人5冊まで |
| CD・カセットテープ・ビデオテープ・DVD | 1人3点まで |

合計8点まで貸し出しできます。
※ ただし、雑誌の最新号は貸し出しできません。

☆貸し出し期間

| 図書(本・雑誌) | 2週間以内 |
| CD・カセットテープ・ビデオテープ・DVD | 1週間以内 |

※ 貸し出し期間の算定は、貸し出し日の翌日からとなります。
※ 貸し出し期間は、申し出のあった日から2週間だけ延長することができます。
電話でのお申し出も受け付けます。
(ただし、期限切れや予約が入っている図書の延長はできません。また、CDやビデオなどの視聴覚資料の延長はできませんのでご了承ください。)

예제 풀이

해석

다음은 '가스미시'의 시립도서관의 이용안내이다. 다음 물음에 대한 답으로 가장 알맞은 것을 1·2·3·4에서 하나 고르시오.

1 가스미시에 살고 있지 않지만 시내에서 일하고 있는 사람이, 도서관 카드를 만들 때 무엇이 필요한가?
   1 현 주소를 확인할 수 있는 것
   2 통근·통학을 확인할 수 있는 것
   3 현 주소와 통근을 확인할 수 있는 것
   4 현주소를 확인할 수 있는 것과 외국인등록증

2 도서관 카드를 보이면 잡지를 빌릴 수 있는가?
   1 모두 8권까지라면 빌릴 수 있다.
   2 관내에서 읽을 수 있지만 빌릴 수는 없다.
   3 어느 것이든 1명이 5권까지라면 빌릴 수 있다.
   4 최신호 이외는 1명이 5권까지 빌릴 수 있다.

가스미 시립도서관 이용 안내

☆ 도서관 카드의 신규 작성

※ 도서나 CD 등의 자료를 빌리려면 도서관 카드가 필요합니다.

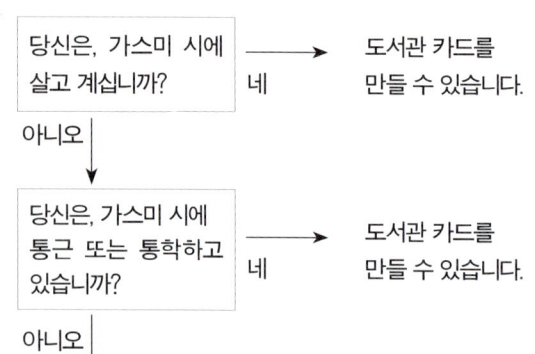

당신은, 가스미 시에 살고 계십니까? → 네 → 도서관 카드를 만들 수 있습니다.	운전면허증, 건강 보험증, 본인 앞으로 온 우편물 등 현주소를 확인할 수 있는 것을 지참해 주세요. 외국인 분으로 6개월 이상 체재할 경우에는 외국인등록증이 있으면 카드를 만들 수 있습니다.
당신은, 가스미 시에 통근 또는 통학하고 있습니까? → 네 → 도서관 카드를 만들 수 있습니다.	상기의 현주소를 확인할 수 있는 것과 함께 학생증, 사원증 등 통근·통학을 확인할 수 있는 것을 지참해 주세요.

도서관 카드는 만들 수 없지만, 관내에서의 도서 이용은 가능합니다.

☆ 도서관 카드의 갱신

　도서관 카드의 유효기한은 3년간입니다. 유효기한이 지나기 전에 카드 갱신을 해 주세요.
　갱신에 필요한 것 : 이전 카드 및 신규 신청 시와 동일한 증명서를 지참해 주세요.
　※이전 카드로 빌린 채 반납하지 않은 대출 도서가 있는 경우에는 갱신할 수 없습니다.

☆ 대출 권수

　도서(책·잡지)　　　　　　　　　　1명 5권까지
　CD·카세트 테이프·비디오 테이프·DVD　1명 3개까지
　※ 단, 잡지 최신호는 대출이 되지 않습니다.

☆ 대출 기간

　도서(책·잡지)　　　　　　　　　　2주 이내
　CD·카세트 테이프·비디오 테이프·DVD　1주 이내
　※ 대출 기간의 산정은 대출일 다음날부터입니다.
　※ 대출 기간은 신청이 있던 날로부터 2주만 연장할 수 있습니다.
　　전화로 신청도 받습니다.
　　(단, 기한이 지났거나 예약이 된 도서는 연장이 안 됩니다. 또한 CD나 비디오 등의 시청각 자료
　　는 연장이 되지 않으므로 양해해 주십시오.)

풀이

- 문제1 -

'도서관 카드의 신규 작성' 부분을 봅니다. 자신의 조건에 적용하면, 상기의 현주소를 확인할 수 있는 것과 함께 학생증, 사원증 등 통근·통학을 확인할 수 있는 것을 지참해 주세요.
이 부분만 읽으면 정답이 보입니다.'

정답_3 現住所と通勤が確認できるもの ('현 주소와 통근을 확인할 수 있는 것')

- 문제2 -

잡지에 대한 것이 나와 았는 부분을 찾습니다.

☆ 대출 권수
　도서(책·잡지)　1명 5권까지
　※ 단, 잡지 최신호는 대출이 되지 않습니다.

정답_4 最新号以外は1人5冊まで借りられる。(최신호 이외에는 1명이 5권까지 빌릴 수 있다.)

問題　次は、あるコンテストの募集要項である。下の問いに対する答えとして、最もよいものを1・2・3・4から一つ選びなさい。

[1] このコンテストは、何のために行われるか。

1　アニメーションの技術をあげるため
2　日本のアニメーションを世界に紹介するため
3　すぐれたアニメーションの評論家を育てるため
4　日本のアニメーションが世界No.1を維持するため

[2] 応募方法として正しいのはどれか。

1　3000字以内で、一つの作品について書く。
2　どんな言語でもよいが、必ず横書きにする。
3　4月末までに短編と長編に応募する。
4　日本のアニメについて書き、3月15日までに送る。

第4回 アニメーション評論文コンテスト

趣旨・目的

日本のアニメは、水準の高い観客層に支えられて世界No.1を維持してきました。しかし、そのすばらしい創造力にアニメ評論力はまだ追いついていません。

評論活動は作品と一般の人を結ぶ架け橋となります。また優れた評論活動は観客の見る目を育てます。創作と評論はアニメーションという車の両輪なのです。

そこで東京財団と日本動画協会は、すぐれたアニメ評論家を発掘・育成するために本コンテストを開催します。

皆様より、たくさんのご応募をお待ちしております。

募集要項

・部門	一般部門（含・高校生以下）　最優秀賞1名・優秀賞1名 高校・大学教員部門　　　　　最優秀賞1名・優秀賞1名
・賞金	最優秀賞40万円・優秀賞15万円
・対象作品	日本製アニメーション。長編・短編・作品数は問いません。
・字数	3,000字以内
・使用言語	日本語に限ります。
・複数応募	可能。ただし、各応募毎にエントリーシートを添付してください。
・締め切り	3月15日必着
・その他	A4横書き。 手書きの場合は原稿用紙に黒のボールペンで。 投稿された作品（論文）の著作権は主催者に帰属します。 ※応募作品の返却はいたしません。
・審査結果発表	4月末に入賞者に直接通知し、表彰式を実施します。

실전 예상 문제 — 5정보 검색 2

問題　次は、ある美術館の総合案内である。下の問いに対する答えとして、最もよいものを1・2・3・4から一つ選びなさい。

[1]　「一般10名、高・大生10名」の場合、入場料はいくらになるか。

1　17,000円
2　16,800円
3　13,000円
4　10,000円

[2]　タバコを吸いたい時は、どうすればいいか。

1　美術館の外に出る。
2　タバコの持ち込みは禁止されているから吸えない。
3　地下1階のトイレで吸う。
4　美術館内の喫煙コーナーに行く。

○△美術館 総合案内

開館時間	午前10時〜午後5時（入館は午後4時30分まで） 毎週金曜日は午後7時まで（入館は午後6時30分まで）
休館日	毎週月曜日（ただし月曜日が祝日および振替休日の場合は開館） 年末年始および展示替期間
入館料	一般 1000円　高・大生 700円 中学生以下無料（ただし保護者の同伴が必要） ※障害者手帳をお持ちの方は200円引、その介護者1名は無料です。
団体割引	20名以上の団体のお客さまは入館料の200円引きでご入館いただけます。 事前にお申し込みください。

車いすをご利用の方へ

当館では車いすの貸し出しをしています。（4台常備）
なお、館内には多少の段差がございます。あらかじめご了承ください。
館内には車いす専用のトイレはございません。同ビル地下1階の車いす専用トイレをご案内いたしますのでご利用の際はお申し出ください。

ご来館の皆さまへのお願い

ご来館の皆さまに快適にお過ごしいただくとともに、作品にとってもよりよい環境が保てるよう、以下の点にご協力をお願いします。

- 展示品および展示ケースに触れないでください。
- 展示品を汚損する可能性のある万年筆・毛筆などの使用はご遠慮ください。
- 館内では携帯電話の電源をお切りいただくかマナーモードに設定し、通話はご遠慮ください。
- 館内は撮影禁止です。
- 館内は禁煙です。
- 持ち込みでの飲食はご遠慮ください。
- 他のお客様のご迷惑になる行為はご遠慮ください。
- 危険物の持ち込みはお断りします。
- 傘は傘立てにお預けください。
- ペットを連れての入館はご遠慮ください。（盲導犬・介護犬・聴導犬を伴っての入館は可能です）

その他係員の指示に従ってください。

실전 예상 문제 — 5 정보 검색 ③

問題　次はみどり市の図書館の総合案内である、下の問いに対する答えとして、最もよいものを1・2・3・4から一つ選びなさい。

[1]　平日の22時に図書を返す場合、どうすればいいか。

1 「自動貸出機」を利用して返す。
2 図書館の「返却ポスト」を利用して返す。
3 図書館のカウンターに直接返す。
4 本に図書館利用カードをはさんで、図書館の「返却ポスト」に返す。

[2]　はじめて利用するときに必要なものは何か。

1 登録料
2 住所を確認できるもの
3 図書館利用カード
4 特に何も必要ない

みどり市図書館　総合案内

開館時間　月曜日〜土曜日　10:00〜21:00
　　　　　日曜・祝日　　　　10:00〜18:00

休館日　　月の最終月曜日と元日

はじめて利用する方へ
- 図書館は無料で利用することができます。
- はじめて利用する場合には登録が必要です。
- 「利用カード申込書」に記入し、住所を確認できるものと一緒にカウンターにお持ちください。
- 申込み後、「図書館利用カード」を発行します。図書館利用カードは、市内6図書館共通で利用できるカードです。
- 図書は市内6つの図書館のどこの図書館からも借りられ、どこの図書館でも返すことができます。

本を借りるには
- 本と「図書館利用カード」を一緒に、カウンターにお持ちください。また、各図書館内にある「自動貸出機」を利用して、ご自分で簡単に本をかりることができます。

本を返すには
- カウンターに本をお持ちください（「図書館利用カード」は必要ありません）。
- 図書館が閉まっているときは、各図書館にある「返却ポスト」をご利用ください。
- CD・ビデオ・DVDはこわれやすいので、カウンターへ直接お返しください。

貸出の期間と点数
- 図書は15冊(14日間)まで借りることができます。
- DVD・ビデオテープ・CDは2点(14日間)まで借りることができます。

予約について
- 貸出中の資料をカウンターで予約することができます。
- 館内の図書検索パソコンやインターネット、携帯電話からも予約できます。

利用をお断りする場合
- 飲酒をしての入館、居眠りのための座席利用、ペットや大きな荷物の持ち込み、携帯電話の電話利用など、他の利用者の迷惑となる行動はご遠慮ください。注意しても応じて頂けない際には出て行っていただくこともあります。

실전 예상 문제　5 정보 검색 4

問題　次はホットヨガスタジオのキャンペーンの案内である、下の問いに対する答えとして、最もよいものを1・2・3・4から一つ選びなさい。

[1]　初回の体験レッスンの後、すぐに入会するとどうなるか。

1　1回2000円のレッスンが500円で受けられる。

2　初めの一カ月はレッスンが無料になる。

3　2回分1の無料券がもらえる。

4　ヨガマットがもらえる。

[2]　ホットヨガをしないほうがいいのはどんな人か。

1　アトピーやアレルギーの人

2　体の中に不要な物が多い人

3　体がかたい人

4　妊娠している人や心臓に問題がある人

話題のホットヨガをキャンペーン中にいかがですか?

ホットヨガって?
　ホットヨガとは新しいタイプのヨガで室温約40度、湿度約80%のスタジオで汗をたっぷり流し体の外に不要の物を出す効果が高いヨガで、アトピーやアレルギーに効果が高いと言われています。

キャンペーン内容
　① 今なら、初回の体験レッスンが、いつもは1回2,000円のところ 500円で!
　② 初回体験レッスンの当日に入会していただくと、初めの1カ月は無料でレッスンを受けていただけます。(入会金無料) 当日でなく、その後で入会していただくと2回分の無料券を差し上げます。

当日のお持ち物をチェック
　① 運動ができる上下の服装　　② 替えの下着
　③ バスタオル1枚　　　　　　④ お水1リットル以上
　レッスン時に必ず必要なのはこの4つだけです。シューズやヨガマットも必要ございません。

いざスタジオへ
　ご予約の15分前までにご来店ください。はじめての方はまず、フロントにて書類をご記入。その際スタッフより、スタジオ内の説明をさせていただきますが、分からないことがあれば何でもご質問ください。お会計を済ませて、ロッカールームで着替えた後は、いよいよレッスン開始です。

いよいよレッスン体験
　定員は25名ほど。(スタジオにより異なります)
　インストラクターがていねいに指導しますので、初めての方も安心してレッスンを受けていただけます。それぞれの体調に合わせ無理をしないようにお願いします。体がかたい人も問題ございません。

終了後は
　レッスンを終えたら、シャワールームへどうぞ。
　帰りのフロントでは、スタッフが入会手続きのご案内と、スタジオのシステムについてご説明させていただきます。

注意点
　妊婦さんや心臓に問題がある方に、心拍数を上げ続けることからも、ご遠慮いただいております。

실전 예상 문제 — 5 정보 검색

問題　次は、「子どもの本」の新人賞の公募である。下の問いに対する答えとして、最もよいものを1・2・3・4から一つ選びなさい。

[1] 童話を出す人も絵本を出す人も準備しておかなければならないものは何か。

1　作品を返してもらうための切手
2　作品のコピーをとっておくこと
3　作品を書く原稿用紙
4　作品を出す日の消印

[2] 次のうち、「こどもの本」新人賞をもらえる可能性があるのはどの人か。

1　去年「こどもの本」新人賞をもらった人
2　平成22年12月に作品を送った人
3　絵本の絵のコピーを送った人
4　童話も絵本も送ってみた人

「こどもの本」新人賞

- 構成、時代などテーマは自由です。
- 子どもを対象とした未発表の創作童話、創作絵本(注1)に限ります。
- 年齢、性別、職業、国籍などの制限はありません。
- 封筒に住所、名前、電話番号と、童話あるいは絵本と書いて送ってください。
- 童話はお返ししません。必要な方は、コピーを取ってから送ってください。
 （絵本は大賞作品を除き、すべてお返ししますので、封筒に切手を入れておくこと）

　童話：原稿用紙に縦書きで5〜10枚。
　　　　HB以上の濃い鉛筆か黒いインクを使用すること。

　絵本：閉じないこと。
　　　　文章は原稿用紙に清書し、どの絵につけるのかわかるようにページ数を記入してください。絵は原画(注2)のみ。

- 賞金：　　200万円（童話と絵本それぞれ1名ずつ）
- 締め切り：平成22年8月30日（当日消印(注3)有効）
- 発表：　　平成22年12月20日

(注1) 絵本：絵を中心にした子どもの本
(注2) 原画：実際にかいた絵
(注3) 消印：郵便局で押す日付印

파이널 모의테스트

1회
2회
3회

HOW TO 일본어능력시험
파이널 모의테스트 1회

N2
読解

N·O·T·E·S
注意

1 試験開始の合図があるまで、この問題用紙を開けないでください。
2 この問題用紙を持ち帰ることはできません。
3 受験番号と名前を下の欄に、受験票と同じようにはっきりと書いてください。
4 この問題用紙は、全部で17ページあります。

受験番号 Examinee Registration Number

名前 Name

問題10 次の 55 から 59 の文章を読んで、後の問いに対する答えとして最もよいものを、1・2・3・4から一つ選びなさい。

55

　　最近はペットが飼える(注1)マンションなども出てきたが、長い間マンションではペットが飼えないというのが常識だった。規則に違反してペットを飼っていた住民がマンションの管理組合に訴えられ、裁判で負けたことがあるように、法は動物を飼う人にきびしい。ペットと暮らす権利を法律で認めてほしいと主張する人もいるが、それならばペットのしつけ(注2)や何か問題が起こった時の処理まで、ペットを飼う人がすべての責任をとらなければならないと思う。

（注1）飼う：動物を育てること
（注2）しつけ：教育すること

問い　筆者はマンションなどでペットを飼うことをどう考えているか。

　　1　マンションなどではペット禁止にしたほうがいい。
　　2　法律はペットを飼っている人に厳しすぎる。
　　3　動物を飼う人はペットと暮らせるように裁判で訴えるべきだ。
　　4　動物を飼う人はペットのことにすべて責任をとるべきだ。

56

　「ロボット」という言葉をつくったカレル・チャペックは、庭がとても好きだったらしく、『園芸家12か月』という本も書いている。専門家が読むには面白い内容ではないが、私は園芸好きな人はもちろん、そうでない人にも十分楽しめる本だと思う。この本に出てくる園芸家たちはみんな植物が大好きで、植物に夢中である。植物のことしか頭にないので、その行動は他の人から見れば滑稽(注1)にも思えるのだが、その様子がユーモアたっぷりに書かれているところが面白い。

(注1) 滑稽：おかしいこと

問い　『園芸家12か月』という本を筆者はどう思っているか。

1　ロボットについて書かれた本より面白い。
2　専門家が読む本だ。
3　園芸に関心のない人が読んでも楽しめる。
4　園芸家はみんな植物に夢中で滑稽だ。

57

私は動物好きだが、檻(注1)に入っている動物を見ると、かわいそうに思えて、動物園に行くのはどうも苦手だ。でも、この動物園は動物の自然な姿が見られるように工夫されていて、動物が生き生きしているのがいいと思った。その中でも、透明な水槽(注2)の中を自由に泳ぎまわるペンギンの姿を見たときはびっくりした。陸ではあんなに動くのが遅いのに、水の中ではすごいスピードで泳ぐのだ。これからもっとこんな動物園が増えてくれれば、よろこんで動物園に行くのだが。

(注1) 檻：動物を入れておくところ
(注2) 水槽：水を入れた大きな入れ物

問い　筆者は動物園についてどう思っているか。

1　動物がかわいそうに思えるのであまり行きたくない。

2　動物の自然な姿が見られるから好きだ。

3　動物が生き生きしていて、見ていて楽しい。

4　もっと動物園が増えれば行く。

58

　　今回、196文字が新しく常用漢字(注1)に加えられることになった。難しい漢字が多くなったのは、「書く」から「打つ」の時代になったためだという。実際には書けない難しい漢字も、パソコン任せでそのまま使ってしまうことが多い。その一方で常用漢字に入らなかった漢字の中には「鷹(注2)」など、ひらがなで書くには抵抗がある言葉もずいぶん含まれている。「鷹揚(注3)に」も「おう揚に」と書くほうが分かりにくいと思うのだが。

(注1) 常用漢字：日常の使用に必要なものとして選ばれた漢字
(注2) 鷹：鳥の名前
(注3) 鷹揚：落ち着いていること

問い　筆者は今回の常用漢字についてどう思っているか。

　　1　難しい漢字が多すぎる。
　　2　時代の流れに従わなければならない。
　　3　鷹という漢字は常用漢字に含めなければならない。
　　4　漢字で書きたいと思う漢字がずいぶん入っていない。

59

　相撲の外国人力士(注1)は日本語がうまい。それは語学が上達する条件がそろっているからだ。彼らは普通一人で来日し、二十四時間日本語で暮らす環境に置かれる。地位が上がれば様々な人と付き合い、いろいろな日本語が学べるし、そのうえ力士であり続けようという強いモチベーション(注2)もある。来日当時は通訳が必要でも、しばらくすると商店街へ行って自分から日本人に話しかけるなど、学ぶ工夫をする彼らの姿勢も高く評価できると思う。

(注1) 力士：相撲を取る人
(注2) モチベーション：目的を意識すること

問い　筆者が言いたいことは何か。

1　語学が上達する条件は環境、モチベーション、工夫である。
2　力士は地位が上がるほど日本語が上手だ。
3　語学を学ぶ環境がよければ誰でも日本語が上手になる。
4　外国出身の力士はみんな通訳なしで日本語を話す。

問題11 次の 60 から 68 の文章を読んで、後の問いに対する答えとして最もよいものを、1・2・3・4から一つ選びなさい。

60 ～ 62

　　ぼくたちの中学校はロボットコンテストに参加しています。アイディア勝負のロボットづくりはとても面白くて夢中になってしまいます。
　　先生がおっしゃった今までのロボットの反省点は、大きい・重い・動きが悪いことなどで、先輩たちはいいところまで勝ち上がったけれど、「スピードとアイディア」で他の学校に負けたということでした。
　　それで、ぼくのグループでは「コンパクト(注1)で軽快に動くロボット」を製作目標に、チームワークを作業目標にしました。材料から作るよりも時間の節約になるのと、電圧の調整が簡単だという点でコントローラー(注2)だけは市販の物を買ってきましたが、それ以外はアイディアを出し合って手作りし、2つ特許申請をして1つが承認されました。許可されるものとされないものがあって①特許の面白さも感じました。
　　校内大会で優勝して、夢にまで見た全国大会に出場することになったのですが、緊張感からか、試合中に言い争って負けてしまいました。特許まで取ったのに入賞できなくて悔しい思いはしましたが、このことで協調性(注3)の大切さを学べてよかったと思っています。ロボット作りを通して多くの仲間と交流できたことは、僕の一生の宝です。

（注1）コンパクト：小さくて中身が充実しているさま
（注2）コントローラー：機械の制御装置
（注3）協調性：お互いにゆずりあって調和をはかること

[60] 先輩たちが試合で負けた理由で正しいのは次のうちどれか。

1　ロボットの大きさ
2　ロボットの重量
3　ロボットの速度
4　ロボットの材質

[61] 筆者は全国大会で負けたことをどう思っているか。

1　スピードとアイディアの差で他の学校に負けてくやしい。
2　コンパクトで軽快に動くロボットが作れれば勝てたのに残念だ。
3　チームワークを大切にしていたのに、試合中の口論で負けたのは残念だ。
4　負けたことでむしろ協調性の大切さがわかってよかった。

[62] 筆者はどういうところに①特許の面白さを感じたか。

1　中学生でも特許の申請ができること
2　中学生なのに特許を持っているということ
3　2つ申請して1つが承認されるということ
4　許可されるものとされないものがあるということ

63～65

　ヨーロッパでは日本ほど傘を持って歩かないのですが、最近、イギリスの男性の間で人気のある傘があります。ゴルフコースで使用するような、あの大きな傘が流行っているのです。イギリス人は体が大きいので大きな傘が必要だということは確かにありますが、コウモリ傘(注1)を手に歩くイギリス紳士のイメージとはだいぶ違いますし、そんな大きな傘だと大勢の人がいる所で、みんなが一度に差したらじゃまになるのではないかと余計な心配をしてしまいます。しかし、歩いている人の半分くらいは雨でも傘を差さずにぬれて歩いていますから、心配はいらないのかもしれません。

　一方、女性はというと、便利で小さな折りたたみの傘を持って歩く人が多いようです。イギリスは雨が降ったりやんだりをくり返すので、折りたたみでないと不便なのです。折りたたみなら雨がやんだらバッグにしまえばいいし、雨が降りそうな時だけ予備の傘を入れて歩く時にも便利です。でも、強い風をともなう雨が多いため、折りたたみだとこわれてしまうことがあって困ります。そこで私も先日この流行の大きな傘を買ってしまいました。

(注1) コウモリ傘：黒い西洋風の傘

63 筆者はどんな人か。

1　イギリスに住む女性
2　イギリスに住む男性
3　日本に住む女性
4　日本に住む男性

64 筆者が大きな傘を買った理由は何か。

1　最近大きな傘が流行しているから
2　体が大きいため大きな傘が必要だから
3　雨にぬれて歩くがいやだから
4　折りたたみの傘より、こわれにくそうだから

65 大きな傘が流行していることについて筆者は何を心配しているか。

1　男性の間だけで流行していて、女性には人気がないこと
2　体の大きい男性にはいいが、女性には大きすぎること
3　人の大勢いる所で一度に差したらじゃまになりそうだということ
4　折りたたみの傘でないと不便だということ

66 ～ 68

　　インドネシアで２歳の子供が１日40本ものタバコを吸っているというニュースが新聞やテレビで話題になった。この子供は１歳６ヶ月からタバコを自分で吸い始めたそうで、止めさせようとした母親によれば、子供は完全にタバコが手離せない状態になっているという。周囲の人がタバコを止めさせるよう両親に言ったが、父親は「子供は健康に見えるから問題ない」といってタバコを止めさせようとしない。

　　インドネシアでは、３歳から15歳の子供のうち、約25％がタバコを吸った経験があり、約3％は自分から吸い始める。これはインドネシアだけのことではなく、国の状態が安定していないところでは、子供がタバコを吸うことも少なくないという報告がある。国の状態が不安定なことと子供がタバコを吸うことのはっきりとした関係は分からないが、もしかしたらこの子供の父親は正しい教育を受けていないため、タバコの恐ろしさや病気について何も知識が無い可能性も考えられる。また、貧しい国の人たちは病気になっても病院に行かずに放っておくことも多いため、タバコが原因による病気になって死ぬ前に別の病気で死ぬ可能性の方が高く、タバコと健康の関係をあまり気にしないのかもしれない。

66 タバコを吸う2歳の子供に対して、父親と母親の態度はどのようなものか。

1 母親だけが子供にタバコを止めて欲しいと思っている。
2 父親は止める方法が分からないため、子供を止められずにいる。
3 父親も母親も子供がタバコを吸うことに問題を感じていない。
4 父親はタバコを吸うと健康になるという間違った知識を持っている。

67 インドネシアにおける子供の喫煙について正しく説明したものはどれか。

1 多くの2歳児が1日40本ものタバコを吸っている。
2 インドネシアではタバコを吸っても健康な子供が多い。
3 3歳から15歳の子供のうち、約4分の1の子供がタバコを吸った経験がある。
4 子供達はタバコを吸うと体に良いと間違って思っている。

68 安定していない国で多くの子供がタバコを吸う原因について、筆者はどう考えているか。

1 国が子供に正しい教育をしていれば、こんなことにならなかった。
2 タバコが体に悪いということを知らない親が多いのかもしれない。
3 タバコを吸っている子供を病院に連れて行かないから、同じような子供が増える。
4 貧しい国の人は、死ぬことを怖いと思っていないのかもしれない。

問題12 次のAとBはそれぞれ別のコラムである。AとBの両方を読んで、後の問いに対する答として、最もよいものを1・2・3・4から一つ選びなさい。

A
　広辞苑という辞書があるが、最新版は書籍だけでなく、デジタルでも利用できる。紙の辞書は五十音順に並んでいて漢字の読み方がわからないと調べることができないが、パソコンなら直接漢字を入力して検索(注1)したり、解説文の中身から検索できたりして便利である。
　検索性に加えて、色見本が載っていれば一目でわかるし、鳥の鳴き声や祭りの動画などを再生して直接見たり聞いたりできることや、新しい出来事もアップデート(注2)しやすいため、私はデジタルを利用している。
　こう言うと、紙よりデジタルのほうが優れていると思われるかもしれないが、紙は紙ならではの特長があるだろう。自分に合った物を使いこなせばいいと思う。

B
　最新版の広辞苑は電子辞書にも入っている。紙とデジタル、どちらの辞書を使えばいいかは目的や引きやすさで決めればいいだろう。若い世代は携帯性や検索性を重視して電子辞書を使う傾向があるようだが、紙の辞書も紙ならではのいいところがある。たとえば一度引いた言葉に印をつけたりコメントを書き込んだり使い込むことで自分専用の辞書になっていく。何度も引いているうちに手になじんで引きやすくなっていくのだ。
　デジタル版の辞書にもチェックがつけられるものが出てきているが、紙のような愛着はわいてこないのではないか。私はそれが紙とデジタルの一番大きな違いだと思う。

（注1）検索：文書やデータから必要な事項をさがし出すこと
（注2）アップデートする：最新の情報を載せる

読解

69　Aの筆者とBの筆者の考えとして、正しいのはどれか。

1　AもBも紙でもデジタルでも自分に合うものを使えばいいと思っている。

2　Aは紙よりもデジタルのほうが優れていると思っている。

3　Bはデジタルよりも紙のほうが優れていると思っている。

4　AもBも紙とデジタルと一緒に使うべきだと思っている。

70　Aの筆者とBの筆者はどのような立場をとっているか。

1　Aはデジタルに批判的である。

2　Bは紙の辞書に批判的である。

3　AはデジタルがBは紙が気に入っている。

4　AもBも個人的な意見は明確にしていない。

問題13 次の文章を読んで、後の問いに対する答として、最もよいものを1・2・3・4から一つ選びなさい。

　親と子が遠すぎず近すぎず、適当な距離で別々に住んでいる関係を「スープの冷めない距離」という。スープという言葉からわかるように、この表現は西洋から渡ってきたもので、1960年代にオーストリアのローゼンマイヤーらが用いた「距離をおいた親しさ」という表現を訳したものだという説、1940年代にイギリスのシェルドンが言った言葉だという説などがあるようだ。

　では、具体的に「スープの冷めない距離」は何メートルくらいなのだろう？　それについて日本で実験をしたことがあるそうだ。その実験では、味噌汁のおいしい飲みごろ（65度から70度）になるまでに何分かかるかを計り、歩く速度と冷めるまでの時間をかけて値を出したという。その結果出た結論は約2キロ。これはシェルドンの考えていた「歩いて5分以内」に比べるとだいぶ遠い。

　もちろん親子がお互いにちょうどいいと感じる距離は人によって違うから「スープの冷めない距離」には心理的なものが反映されるだろう。

　「スープの冷めない距離」がどのくらいだと思うかというアンケート調査では、60％以上の人が「近所に住むこと」と答えていて、年を取るほど「同じ敷地内に住むこと」が多くなる。また、女性の場合、30代や40代の子世代の考える距離は長く、60代や70代の親世代の考える距離は、子世代の考える距離の半分程度で、世代の差を感じさせる。

　大家族の時代には「スープの冷めない距離」など考える必要がなかった。ところが核家族化（注1）が進んだ今、遠く離れた故郷に住む親と、都市で生活する子供の家族との距離は、とても「スープの冷めない距離」とは言えなくなった。だが、年を取った親の世話をするにも、共働き家庭が子供を育てていくにも、「スープの冷めない距離」に親がいてくれたほうがありがたいのだ。とはいっても、親世代の希望は「将来、子供と一緒に暮らしたい」割合が減り、「将来別々に暮らす」の割合が増えているという。このように年を取った親も子供と一緒に住むことを望まなくなってきているのも事実だ。しかし、その一方で一人暮らしの老人の死や、一人で夫や妻の介護（注2）をしなくてはならない人が増えていて問題になっていることを考えると、「スープの冷めない距離」に住むことのよさを考えずにはいられない。

(注1) 核家族：夫婦と子供からなる家族
(注2) 介護：お年寄りや病気の人などの面倒をみること

[71] 日本で実験した「スープの冷めない距離」について正しいものはどれか。
1 スープの代わりに味噌汁の冷めない距離を計った。
2 スープの代わりに味噌汁がおいしい飲みごろになるまでの時間を計った。
3 実験の結果、スープの冷めない距離は歩いて5分だった。
4 人によって感じ方が違うから実験ではわからなかった。

[72] 「スープの冷めない距離」に関するアンケート調査の結果として正しいのはどれか。
1 距離は約2キロで、歩いて5分程度の距離だった。
2 60％以上の人が同じ敷地内に住む距離だと感じている。
3 女性の場合、子世代の考える距離は親世代の半分だった。
4 女性の場合、親世代の考える距離は子世代の半分だった。

[73] 筆者が一番言いたいことは何か。
1 西洋人と日本人では「スープの冷めない距離」の感じ方がずいぶん違う。
2 「スープの冷めない距離」と「味噌汁の冷めない距離」とは違うから比べられない。
3 「スープの冷めない距離」に関するアンケート結果は昔と今とは違う。
4 「スープの冷めない距離」の良さを再認識してもいいのではないか。

問題14 次は、バスツアーのパンフレットである。下の問いに対する答えとして、最もよいものを1・2・3・4から一つ選びなさい。

74 すべてのコースに共通していることは何か。

1 出発時間が同じだ。
2 出発場所が同じだ。
3 東京タワーに行く。
4 食事付きだ。

75 たまには美味しいものでも食べて、ぜいたくに日帰り旅行を楽しみたいと思っている。どのコースに申し込めばいいか。

1 コース①
2 コース②
3 コース③
4 コース④

東京名所めぐり

コース① 東京半日
- 料金 ： おとな 5,800円 こども 3,200円
- 所要 ： 約5時間・食事なし
- 出発 ： 東京駅丸の内南口から午後1時
- ポイント ： 皇居前広場・浅草観音・東京タワーなど、都内をぐるっとまわれます。

コース② 東京はやまわり
- 料金 ： おとな 3,260円 こども 1,630円
- 料金 ： 約3.5時間・食事なし
- 出発 ： 東京駅丸の内南口から午後1時
- ポイント ： 皇居前広場・東京タワーなどをまわる短時間コースです。
  お時間のあまりない方におすすめです。

コース③ 東京三名所
- 料金 ： おとな 7,200円 こども 3,600円
- 所要 ： 約7.5時間・食事付き
- 出発 ： 東京駅丸の内南口から午前11時
- ポイント ： 皇居前広場・東京タワー・浅草観音をまわります。
  コース①の内容に昼食をつけたい方におすすめです。

コース④ 帝国ホテルバイキング
- 料金 ： おとな 11,000円 こども 6,500円
- 所要 ： 約6時間・食事付き
- 出発 ： 東京駅丸の内南口から午前11時
- ポイント ： 六本木ヒルズ展望台・東京湾クルーズの後、バイキングの生みの親、
  帝国ホテルで優雅にランチ。
  人気コースですので、お申し込みはお早めに。

HOW TO 일본어능력시험 파이널 모의테스트 2회

N2

読解

N·O·T·E·S
注 意

1. 試験開始の合図があるまで、この問題用紙を開けないでください。
2. この問題用紙を持ち帰ることはできません。
3. 受験番号と名前を下の欄に、受験票と同じようにはっきりと書いてください。
4. この問題用紙は、全部で17ページあります。

受験番号 Examinee Registration Number

名前 Name

問題10 次の55から59の文章を読んで、後の問いに対する答えとして最もよいものを、1・2・3・4から一つ選びなさい。

55

　今日で禁煙して丸十年が過ぎました。この「禁煙マラソン」には友達にすすめられて参加しました。なかなかタバコが止められず、最後の頼みで参加したのが、ついこの間のことのようです。「今ここで吸ったら、今までの苦労が何の意味もなくなる。もったいない、もったいない」と言いながら、こうして無事にゴールできたのはメールで話を聞いてくれた人たちのおかげです。ただ、うれしいようで困っているのは、メールをする時間が長くなってしまったことです。

問い　筆者は何について書いているか。

1　禁煙に失敗したこと
2　禁煙に成功したこと
3　これから禁煙するということ
4　禁煙するためにマラソンに参加したということ

56

　　禁酒（注1）に成功した。禁酒は禁煙の時のような「とにかく煙草が吸いたい」「何をするにもまずは吸ってから」「吸わないと考えがまとまらない」という症状はないが、毎日お酒を飲むのが習慣になっていたので、夕方になると何となく気持ちが落ち着かなくなる。そんな時は熱いコーヒーを飲んだり、散歩に出かけたり、スポーツジムで身体を動かしたりするが、夜八時を過ぎるとなぜかなんともなくなる。多分、いつも晩ご飯をつくりながら飲んでいたからだろう。

（注1）禁酒：酒をやめること

問い　この人の禁酒の特徴は何か。

　　1　禁煙とほぼ同じ症状が出る。
　　2　お酒を飲まないと煙草が吸いたくなる。
　　3　夜八時を過ぎるとお酒を飲まなくても平気になる。
　　4　お酒なしでは食事もできない。

57

　　インターネットを利用する人の割合は、いなかの町村部よりも大都市の方が高いが、ここ数年、利用者の割合の増加率は町村部の方がずっと高い。なぜならば、町村部では直接自分が出掛けて行って買い物や色々な予約をしたり情報を集めたりすることが難しく、インターネットを使ったほうが楽で便利だということを、お年寄りを中心とした人々が気付き始めたからである。インターネットを利用する人の割合も近いうちに大都市を超えることだろう。

問い　上の内容と合っているものはどれか。

1　大都市よりも町村部でインターネットを利用する人の割合が上がっている。
2　町村部では、買い物や色々な予約をしたり情報を集めたりすることが以前より難しくなった。
3　大都市のお年寄りより町村部のお年寄りの方がインターネットを利用する割合が高い。
4　町村部でインターネットを利用する人の割合が大都市でインターネットをする人の割合を超えた。

58

　　南市役所が来月から始める子供向け無料英会話教室のお知らせです。南市に住んでいる7才から12才までの小学生向けに無料の英会話教室を開きます。3月1日現在南市に住んでいれば、南市以外にある小学校に通っていても無料で授業に参加することが可能です。但し、他の市に住んでいる小学生が南市内にある小学校に通っている場合、授業に参加はできますが、授業料の一部と教科書代がそれぞれかかりますのでご注意ください。

問い　無料で英会話教室に参加できるのはどの子供か。

1　南市に住んでおり、北市の小学校に通っている12才の子供。
2　東市の自宅から南市の小学校に通っている8歳の子供。
3　現在南市の小学校に通っており、3月末に南市に引っ越してくる予定の10歳の子供。
4　南市に住んでいる6歳の子供。

59

　　暑い日が続いていますが、お元気でいらっしゃいますか。私がそちらを離れてからちょうどひと月が経ちましたが、山田家の皆さんといっしょに過ごした2ヶ月間が、まるで昨日のことのように思い出されます。日本に到着したばかりで緊張していた私にいろいろ親切にしてくださったことは、一生忘れません。私の日本滞在も残り半分となりました。少しでもたくさんのことを勉強して国に帰りたいと思います。またお会いできる日を楽しみにしています。

問い　この留学生は、合計何ヶ月間日本に滞在するか。

1　2ヶ月間
2　3ヶ月間
3　4ヶ月間
4　6ヶ月間

問題　次の60から68の文章を読んで、後の問いに対する答えとして最もよいものを、1・2・3・4から一つ選びなさい。

60～62

　　外国で暮らすということは、驚くことの連続だ。韓国で暮らすようになって三年経ち、日本にはない文化や習慣にもかなり慣れてきた私だが、最初は信じられないことばかりだった。中でも一番驚いたのは家を借りる制度である。日本では普通、毎月決まった金額を大家さんに払うが、韓国では最初に家が買えるぐらいの大きなお金を大家さんに預けておき、毎月の家賃は支払わない制度を取っているところが多い。大家さんに預けたお金は家を出る時に全部戻ってくる。つまり、家を借りる代金は無料みたいなものだ。最初はこの制度が信じられなかったし、第一、大家さんが信用できない人だったらどうしようと怖かったが、慣れた今では「便利な制度だ」と思っている。その分、貯金できるのだから。
　　もう一つ驚いたのは水道代だ。私が住んでいるヴィラというタイプの三階建ての家には十世帯が暮らしているが、水道局からはヴィラ全体の合計金額が請求されるのだ。請求書を見た大家さんが「一人いくら」と決めて家族の人数分だけ集金に来る。私の家は二人分で計算されるが、うちは二人とも働いていて家に居ないことが多いため、あまり水は使わない。他の家族の分の水道代を負担しているみたいで納得できないが、これも韓国式と諦めるしかないだろう。

60 韓国の家を借りる制度について、筆者は最初どう思っていたか。

1 そんなにたくさんのお金があるのなら、家を買ったほうがいい。
2 そんな信じられないようなシステムがあるわけない。
3 本当に便利な制度だ。
4 信用できる人しか大家になれない。

61 水道代について、筆者はどう思っているか。

1 韓国の水道会社の制度は間違っている。
2 本当なら自分の家はもっと水道代が安いはずだ。
3 皆で同じ金額を負担しなければ平等ではない。
4 水道代を韓国式で払うのは当然だ。

62 この文章で筆者が言いたいことは何か。

1 快適に外国暮らしをするには、慣れるか諦（あきら）めるかして生活することが大切だ。
2 外国では家を借りるお金や水道料金など金銭（きんせん）トラブルに注意しなければならない。
3 韓国は家に関する問題やトラブルが多いので、気をつけなければならない。
4 韓国は文化や習慣が日本とは異なる国なので、興味深（きょうみ）いことの連続だ。

63 ～ 65

　①最近の人達は手紙を書かなくなった。今の若い人に「手紙を書く」なんていうと、「古い」「恥ずかしい」「面倒くさい」という声が聞こえそうだ。だが、私が大学生だった頃は、まだ手紙を書く若い人も多かったように思う。私の机の中にも手紙を書くための可愛い便箋と封筒が常に20種類ぐらいは入っていて、ストレス(注1)を感じた時は手紙を書くことで気持ちを発散させていた。正直に言えば、受取人は誰でも良かったのかもしれないのだが、そんな私のストレス発散に付き合ってくれる友達が数人いた。彼女達には今も感謝している。

　手紙を書くのに代わって登場したのは電子メールである。大人達の中には「メールは気持ちが感じられない」「人と人とのコミュニケーションではない、機械的だ」と否定する人もいる。気持ちも分からない訳ではないが、そう決めてつけてしまうのはどうだろうか。

　先日、②学生からメールが届いた。そこには「先生〜お元気ですか！？＾＾私は元気です☆またお会いしたいです！！また連絡します♪＾o＾」とあった。なんだこれは、私は友達じゃないぞ、と驚いたが、思わず笑顔になった。彼らには彼らの愛情表現があるのだ。絵文字(注2)や特別な記号を使ったメールを使う若い人達をニュースで見た時は否定的な感情を持ったが、実際に自分が受け取ってみると、結構うれしいものである。

(注1) ストレス：精神的なショックや緊張
(注2) 絵文字：絵を文字のように使って気持ちを表現するもの

読解

63 ①最近の人達が手紙を書かなくなったのはなぜか。

1　手紙を書くのが恥ずかしいから
2　大学生だったころは書いたが、今はもう大学生ではないから
3　ストレスを発散する方法が他にもたくさんあり、手紙で発散する必要がないから
4　手紙ではなく他の方法で人と連絡をとるようになったから

64 ②学生はなぜ教師である筆者に友達に送るようなメールを出したのか。

1　筆者に親しい気持ちを持っているから
2　筆者を友達だと思っているから
3　絵文字や記号を使うと、人と人とのコミュニケーションになるから
4　自分が本当に元気だということを強く伝えるのに便利だから

65 筆者は若い人の絵文字や特別な記号を使ったメールについて、どう思っているか。

1　頭が悪そうに見えるからよしたほうがいい。
2　若い人らしくて可愛らしい。
3　最初はいいと思わなかったが、今は悪くないと思っている。
4　ニュースになるぐらい変わっているものだ。

66 〜 68

　　クールジャパン (Cool Japan) という言葉を聞いたことがあるだろうか。日本文化が国際的に評価されていることをいうのだが、主にマンガやアニメ、ゲームなどのポップカルチャー(注1)を指すことが多い。最近では①日本の政府も動き出し、ハローキティや若い人達のファッションに代表されるような「かわいい文化」を世界に向けて発信しようということで、女性3人を「カワイイ大使」として外国に送り、日本文化を広める運動をしているほどである。

　　アニメやゲームといえば、東京の秋葉原という街を思い出す人も多いだろう。電気屋が並ぶ「電気街」として有名だが、最近はマンガやアニメの店も集まり、かわいい女の子がメイドのコスプレ(注2)をして接客する「メイドカフェ」もたくさんある。道を歩いていると、メイドのコスプレをした店員さん達を見かけるが、そんな彼女達を写真に収める外国人も少なくない。なるほど、②これがクールジャパンかと感心する。10年も前ならちょっと変わったオタク男性だけのものだった文化が、今では日本の国を挙げて応援する立派な文化として認められたのだ。半分裸のような格好をした少女のイラストが描かれたポスターを見ながら、こんなものが日本文化として世界に受け入れられていることに少し疑問を感じずにはいられなかった。

(注1) ポップカルチャー：広く大衆に親しまれる文化

(注2) コスプレ：気に入ったキャラクターの衣装を真似て着ることを指す和製英語

| 66 | ①日本の政府は日本文化を世界に広げるために、どんな努力をしているか。

1　アニメやゲームなど、ポップカルチャーを積極的に宣伝している。
2　「カワイイ大使」の女性3人に新しい日本文化を作り出してもらった。
3　それまで許可していなかったメイドカフェやコスプレを公式に認めた。
4　秋葉原の街をオタクの街に変えた。

| 67 | 筆者は何を見て②これがクールジャパンかと感心したのか。

1　マンガやアニメ、ゲームの店が並ぶ秋葉原の街
2　メイドカフェとそこで働くコスプレをした店員
3　メイドのコスプレをした店員の写真を外国人観光客が撮ったりする姿
4　オタク男性が中心となった日本独特の文化

| 68 | 筆者はクールジャパンについてどう感じているか。

1　秋葉原のオタク文化は、日本が国際的に評価されるために役立つ。
2　自分も積極的に日本文化を広める運動をしたい。
3　秋葉原やメイドカフェは、最終的にはオタクの人達にしか受け入れられないものだ。
4　クールジャパン自体はいいことだが、少し変な部分もあると思っている。

問題12 次のAとBは子どもの教育に関する文章です。2つの文章を読んで、後の問いに対する答えとして最もよいものを1・2・3・4の中から一つ選びなさい。

A
　小学校低学年の子どもについては、親が無理やり机に向かわせたりすることは、あまり意味がないと思います。小さい頃から親に言われて勉強するというスタイルが身に付いてしまうと、その子が自分で学習する力をなくしてしまうのではないでしょうか。親が子どもを観察し、絵を描くのが好きな子なら芸術的な感性を伸ばしてあげればいいし、何かを作ることに興味のある子なら1つのことを最後まできちんとやる力を身に付けさせればいいのです。机に向かうことだけが勉強ではありません。生活の中にだって勉強の元になることがたくさんあります。ですから、この時期は勉強より、むしろお手伝いをたくさんさせるべきなのです。

B
　最近は小学校低学年でも、家庭での学習指導を重視するようになってきています。ある小学校では、低学年の子どもたちには話の聞き方や発表の仕方などに最低限必要な「型」を身に付けさせ、中学年、高学年へと進むにしたがって、少しずつ型を外しながら自分で考えさせる指導に移し、子どもの自主性を引き出していきます。①そのために欠かせないのが「家庭での学習」だといいます。この小学校では家庭用マニュアルを保護者(注1)に配り、子どもに分かりやすく勉強を教える方法を指導しています。自主的で計画的な学習ができるようになるためには、最初に学習の基盤や学習する習慣を身に付けておくことが最も大切です。子どもが中学生以降も学ぶ楽しさを感じながら成長できるよう、まずは家庭学習の仕方から見直してみてはいかがでしょうか。

(注1) 保護者：親など、未成年者などを保護する義務のある人。

[69] ①そのためとは、何を指しているか。

1　上手に人の話を聞いたり発表したりできるようになるため
2　「型」をきちんと身に付けて、必要なときにそれを使えるようになるため
3　成長するにしたがって子どもが自主的に学習できるようになるため
4　中学生になったら今よりさらに勉強を好きになるため

[70] A、Bの内容について、正しいのはどれか。

1　AもBも子供が自主的に学習するのを親が助けることは大切だと言っている。
2　AもBも保護者（ほごしゃ）が子どもに分かりやすく勉強を教えることが大切だと言っている。
3　Aは子供が自分で勉強し始めるまで親は何も言うべきではないとし、Bは親が積極的に子供に勉強させるべきだと言っている。
4　Aは小学校低学年の子どもは勉強をせずに家の手伝いをするべきだとし、Bは小学生のうちから将来のために一生懸命（いっしょうけんめい）勉強するべきだと言っている。

問題13 次の文章を読んで、後の問いに対する答として、最もよいものを1・2・3・4から一つ選びなさい。

　私の父は本当におとなしい人で、家では居るか居ないか分からないような人だった。そんな父を見て子供心に「ずいぶん存在感の無い人だな」と思ったものである。そんな影の薄い父であったが、オレンジ色の消防士の服を着て仕事をしている時だけは特別だった。
　父の職場に初めて行ったのは小学校3年生の時の「仕事見学」の授業の時だった。先生に連れられて同級生（注1）達と行った父の職場は、独特な緊張感があった。普段は外に出るとふざけて大声を出したりする同級生達も、この日は口を閉じて真剣な顔をしていた。消防署のえらい人が消防署の中や消防士の仕事について説明してくれた後、びっくりすることが起こった。「このクラスの田中君のお父さんもここで働いています」と言って父を連れてきてくれたのである。私は驚いてまっすぐ立ったまま、父が入って来るのを見ていた。同級生達もびっくりしながら父と私の方を見て、「田中のお父さんだって」「かっこいいな」と言った。父と目が合った私は照れて、へへへ、と小さく笑った。父も笑っていた。ちょっと汚れたオレンジ色の服に身を包んだ父がとてもかっこよく見えた。父親をかっこいいと思ったのは、これが初めてのことだった。「仕事見学」は、私に大切なことを①教えてくれたのである。
　最近の子供は親に反抗的だなと思う。親の言うことを聞かないばかりか、何を言われても「うるさい」と言い返したり、中には「お父さんは汚い」と言って②父親を嫌うような子供まで居るという。更に驚いたことに、親の方でも子供を叱らないことが多いらしい。なんとも情けない話である。このような子供の反抗的な態度は、親を尊敬していないことから起こるのではないだろうか。
　そこで私は1つ提案をしたい。夏休みか冬休みにでも1度、父親の職場を訪問させてみるのである。自分達のために毎日一生懸命に働いてくれている父親の姿を見て「自分もがんばって親を喜ばせたい」と思わない子供がいるだろうか。子供は親の背を見て育つ。あれこれうるさく言われなくても、父親が自分達のためにがんばって働いてくれている姿を見て、子供は自然と多くのことを学ぶのである。

（注1）同級生：同じクラスの生徒

[71] ①教えてくれたとあるが、どういうことか。

1 父親が働いている消防署は独特の緊張感がある場所だということ
2 父親が自分の同級生にとってかっこいい存在であるということ
3 父親が家族のために毎日一生懸命に働いてくれていること
4 父親が働きながら子供を育てるのは本当に大変だということ

[72] 筆者は子供が②父親を嫌うのはなぜだと思っているか。

1 父親を尊敬できないでいるから
2 仕事から帰ってきた父親が疲れている理由を知らないから
3 何を言っても親が自分を叱らないことを知っているから
4 父親の職場を一度も見たことがないから

[73] 筆者がこの文章で言いたいことは何か。

1 自分の父親の仕事が尊敬できる消防士という仕事でうれしかった。
2 学校の授業で多くの子供達に父親の職場を見せるのは大切だ。
3 子供に「自分もがんばって親を喜ばせたい」と思われるよう、親も努力が必要だ。
4 子供は親ががんばって仕事をしている姿を見て親を尊敬し、自然と多くのことを学んでいくものだ。

問題14　次は航空会社のマイレージ機能が付いたクレジットカードの説明である。下の問いに対する答えとして、最もよいものを1・2・3・4から1つ選びなさい。

[74] 5日後にアメリカ出張に行くことになり、クレジットカードが必要になった。出来るだけ年会費が安いカードがいいのだが、どのカードを申し込めばいいか。

1　東京航空マイルカード
2　スカイ航空マイレージカード
3　アジアン航空ゴールドカード
4　ワールドフライヤー航空ゴールドカード

[75] 自分（50歳）と家族3人の合計4人分申し込みたい。どのカードを申し込むと一番安く済むか。

1　東京航空マイルカード
2　スカイ航空マイレージカード
3　アジアン航空ゴールドカード
4　ワールドフライヤー航空ゴールドカード

東京航空マイルカード

カードができるまでの日数	年会費（1年目）	年会費（2年目〜）
約3週間	1000円	1500円

- 日本で一番よく使われている東京航空の便利なマイレージカード
- 100円の利用で1マイル溜まる
- 至急で発行希望の場合は、直接カード会社の受付に行けば1日で発行可能
- たまったマイレージを航空券と交換しない場合、1マイル＝1円分の商品券とも交換可能
- 家族カードは無料、2枚まで発行

スカイ航空マイレージカード

カードができるまでの日数	年会費（1年目）	年会費（2年目〜）
約1週間	無料	1000円

- 年会費も安く、アルバイト、主婦、入社したての社会人などに特におすすめ
- 通常、カード申し込みから発行まで1週間のスピード発行
- 200円の利用で1マイル溜まる
- スカイコンビニでカードを使用すると100円で1マイルプレゼント
- 家族カードは発行不可

アジアン航空ゴールドカード

カードができるまでの日数	年会費（1年目）	年会費（2年目〜）
約4週間	無料	10000円

- 豊かな生活を応援するワンランク上のクレジットカード
- 100円の利用で1マイルたまる
- 空港のゴールドカード会員専用の特別室が利用可能
- 満30歳以上の方から申し込み可能
- 至急で発行希望の方は、直接カード会社の受付に行けば3日で発行可能
- 家族カードは1枚5000円で発行

ワールドフライヤー航空ゴールドカード

カードができるまでの日数	年会費（1年目）	年会費（2年目〜）
約4週間	5000円	15000円

- 空港のゴールドカード会員専用の特別室が利用可能
- 100円で1マイル溜まる
- 満30歳以上の方から申し込み可能
- ワールドフライヤーホテル東京、ワールドフライヤーホテル大阪の宿泊料金が20％割引
- 家族カードは1枚3000円で発行

HOW TO 일본어능력시험 모의테스트 3회

N2

読解

N·O·T·E·S
注意

1. 試験開始の合図があるまで、この問題用紙を開けないでください。
2. この問題用紙を持ち帰ることはできません。
3. 受験番号と名前を下の欄に、受験票と同じようにはっきりと書いてください。
4. この問題用紙は、全部で17ページあります。

受験番号 Examinee Registration Number

名前 Name

問題10 次の55から59の文章を読んで、後の問いに対する答えとして最もよいものを、1・2・3・4から一つ選びなさい。

55

> 物質的に豊かになった今の日本では、ブランド品や物をたくさん持っていることは何の自慢にもならず、逆にあまり賢い消費者ではないというマイナスの印象を人に与えることもある。人々の関心は物をたくさん買うことから、旅行で思い出を作ったりスポーツを楽しんだりするなど、目に見えないものに変わった。テレビの広告でも「物より思い出」と言っている。ブランド品を持ち歩くよりも、海外旅行などにお金をかける人の方が素敵だと思われる時代である。

問い　本文の内容と合うものはどれか。

1　すでにブランド品をたくさん持っているので、それ以上買いたいと思う人が少なくなった。
2　物質的に満足しているので、お金を使おうという人が減っている。
3　物よりも目に見えない経験にお金をかけることに価値があると考える人が増えた。
4　海外旅行などにお金を使わないと現代人として恥ずかしいと感じる人も多い。

56

　私達人間は、何万年も前から自然の恩恵に頼って生活してきた。地上では木に実った果物を取って食べ、土を耕して野菜や米を作った。川では魚を取って食べ、山では動物を食料にしたり、皮で洋服を作ったりした。また、木の枝を集めて火を起こしたり、石で道具を作ったりもしてきた。全て、貴重な自然の恩恵である。現在、私達が使っている電気などのエネルギーも、何万年も前から地下に眠っていた限りある大切な資源であることを忘れてはならない。

問い　この文章で一番言いたいことは何か。

1　昔の人は現代の私たちよりも自然の恩恵を上手に利用していた。
2　電気などのエネルギーは、果物や野菜などと違って限りある資源であることを知る必要がある。
3　地下のエネルギー資源は限りがあるものなので、なるべく地上の資源を利用しなければならない。
4　エネルギー資源の大切さを知り、節約して利用していかなければならない。

57

　　加工食品(注1)を買うと、箱に「消費期限」が表示されている場合と「賞味期限」が表示されている場合がある。消費期限が書かれている食品は、普通、その食品が作られてから腐って食べられなくなるまでの期間が短い。消費期限が過ぎると急に質が悪くなり、食べるとお腹が痛くなることもあるので、期限を守ることが重要である。賞味期限が表示されている場合、期限が過ぎてもすぐ食べられなくなることは無いが、おいしく食べるためにも期限はなるべく守る方がいい。

(注1) 加工食品：人の手を加えて作った食品

問い　賞味期限の説明として正しいものはどれか。

1　消費期限が書かれている食品よりも食べられる期間が短い。
2　商品によっては消費期限と賞味期限の両方が表示されている場合もある。
3　その食品がおいしく食べられる期限が書かれている。
4　賞味期限が過ぎるとすぐ味が悪くなるので、あまり食べないようにした方がいい。

58

　　ここ十年であっという間にIT化が進み、新聞や本よりもインターネットから多くの情報を得る人が増えた。i-padの誕生により、さらにその傾向は強くなった。紙の本が生き残るには値段をもっと安くするとか、逆に豪華で素晴らしい装丁(注1)にして「コレクションする喜び」を買う人に与えるなど、工夫をしなければならないという意見もある。千年以上も昔から人々を楽しませてきた本が消えてしまうかもしれないとは、何という時代になったのだろうか。

(注1) 装丁：本の表紙などのデザイン

問い　筆者の意見と合うものはどれか。

1　IT化はもう少し時間をかけて進んだほうがよかった。
2　i-padは人々から本をコレクションする喜びを奪ってしまった。
3　本も時代に合わせて値段を変えたり装丁を変えたりしなければ、無くなる危険がある。
4　たった十年で千年以上も読まれてきた本が消えてしまうかもしれないとは、ひどい話だ。

59

　「会社を定年退職⁽注1⁾したら田舎に引っ越して、毎日空気の良いところで散歩したり野菜を作ったりして生活したい」と考える人は多いようだ。しかし、それは正しい選択だろうか。年を取れば足腰が弱くなる。それに当然、病気にもかかりやすくなる。一番近い病院が家から車で30分もかかる場所にあったら、何かあった時に不安だ。コンビニや銀行など、普段の生活でよく使う場所まで歩いて行けないのも高齢者⁽注2⁾にとっては不便で仕方ないだろう。

(注1) 定年退職：年を取って会社を辞めること
(注2) 高齢者：お年寄り

問い　筆者の考えに合うものはどれか。

1　年を取ったら田舎よりも都会に住んだほうが便利でいい。
2　田舎に住む人は健康でなければならない。
3　コンビニや銀行が近くに無い田舎に住めるのは、若い人ぐらいである。
4　田舎に行くなら、年を取ってからではなく若いうちから行くべきだ。

問題11 次の 60 から 68 の文章を読んで、後の問いに対する答えとして最もよいものを、1・2・3・4から一つ選びなさい。

60 ～ 62

　　現代社会に生きる私たちは、豊かで便利な生活を当たり前だと思い、何かが無くて不便だと感じることも少なくなっています。暑ければエアコンのスイッチを入れ、どこかに行く用事が出来ればバスや電車に乗り、夜中にお腹が空けば近所のコンビニに行ってパンを買ってきたりします。しかし、このような状態を当たり前だと思っていてもいいのでしょうか。
　　たとえば、私たちが世話になっていて無くてはならないものの1つに水があります。生命の基本とも言われ、①それ無しに生きられる人は居ませんが、普段私たちは特に意識することなく使っています。水道の蛇口をひねって水を飲み、洗濯したりお風呂に入ったり水洗トイレを使ったりしています。ところがこの水が、あるとき急に使えなくなって困ってしまうことがあります。夏の水不足(注1)の時や、地震が起きて水道が止まってしまった時などです。水道が止まると飲み水に困ったりお風呂に入れなくなったりするだけではなく、ほとんどの工場が今までどおり機能できなくなりますから、その国の経済も大きなダメージを受けます。このように、それまで当たり前のように使ってきた水が無くなって初めて、私たちは今まで当たり前だと思っていたもののありがたさ感じるようになるのです。

(注1) 水不足：長い間、雨が降らないため、水が足りなくなること

[60] ①それは何を指すか。

1　世話
2　水
3　生命
4　無くてはならないもの

[61] 水が無くなると、なぜその国の経済も大きなダメージを受けるのか。

1　地震が起きてしまうから
2　水道の蛇口(じゃぐち)が使えなくなるから
3　今までどおり工場が動かなくなるから
4　当たり前だと思っていたものが全て無くなってしまうから

[62] 筆者が言いたいことは何か。

1　私たちは豊かで便利な生活を当たり前だと思っているが、時々は何かが無くて不便だと感じる経験をすることも必要だ。
2　今の生活が決して当たり前ではなく、ありがたいものであるという感謝(かんしゃ)の気持ちを持って生活することが大切だ。
3　水が無くなると私たちの生活に大きな影響(えいきょう)が出るので、普段から水を大切にしなければならない。
4　水は国の経済を大きく動かすほどの力を持っている。

63 ～ 65

　世の中には「自分に合った仕事がしたい」と言って、なかなか就職しようとしない若者も多い。誰だって自分の能力を発揮できる場所で働きたいと思うのは当然だ。しかし、私が就職活動をした1990年代の終わりは景気がとても悪かったため、学生に選ぶ権利は無かった。そこで私は、とにかく目に付いた会社に連絡を取った。

　面接を受けていくうちに、いろいろなことが分かってきた。私は人と話すのが好きだったのでサービス業が向いていると思っていたが、面接官(注1)によると、私は銀行や役所で事務をするのが向いているとのことだった。それに、私は自分がわがままな人間だと思っていたが、面接官には「あなたは人と上手く付き合えるタイプの人ですね」と言われ、自分自身が考える自分と他の人が見た印象とはずいぶん違うものだと驚いた。面接を受けるのは大変だったが、本当に①勉強になったと思う。

　結局、働いている人が生き生きと楽しそうにしていることが大切だと思い、今の会社で働くことに決めたが、同僚は「毎日の生活が会社だけになるのが嫌だったから、きちんと休みが取れそうなこの会社にした」と言っていた。確かに休暇ももらえるし、仕事だけではなく趣味や勉強をする時間も十分取れるので満足している。私も入社10年目。これからもっとがんばって、自分らしく働けるようになりたい。

(注1) 面接官：面接をする担当の人

63　最近の若者の中には、なぜ就職しようと思わない人が多いのか。
　　1　自分に合う仕事を1つだけにしぼるのが難しいから
　　2　能力を発揮できる職場がみつからないから
　　3　自分の能力に自信が無いから
　　4　景気がとても悪いから

64　①勉強になったと思うとあるが、この人は何が勉強になったと思っているか。
　　1　面接官のアドバイスは本当に役に立つと分かったこと
　　2　自分は人と話すのが好きだと思っていたのに、実はそういう仕事には向いていないと気付いたこと
　　3　自分はわがままな人間だったが、いろいろな会社で面接を受けるうちに成長したこと
　　4　自分が考える自分自身と他の人から見た自分の印象はずいぶん違うということ

65　この人は、就職する時にどう思って会社を選んだか。
　　1　自分の能力を発揮できる会社がいいと思った。
　　2　自分を採用してくれる会社ならどこでもいいと思った。
　　3　社員が生き生きと楽しそうに働ける会社がいいと思った。
　　4　趣味や勉強をする時間も十分取れる会社がいいと思った。

66 ～ 68

　現代の日本ではカタカナ語がどんどん増え続け、テレビやラジオ、新聞など色々なところで目にします。カタカナ語を「かっこいい」「先進的」と考える日本人も多く、特に若い人達は好んで使うようです。しかし、「カタカナ語は日本語の乱れにつながる」と嫌がる大人も少なくありません。

　確かに、カタカナ語は正確な情報が相手に伝わらない可能性があるため、使う時は注意しなければいけません。特にお年寄りを対象とした福祉や介護の現場では、あまり使用しない方がいいと思います。また、公共機関や政治家も専門的なカタカナ語は避けて、一般の人にも分かるような言葉を使った方がいいでしょう。

　しかし、カタカナ語の増加が即日本語の乱れにつながるわけではなく、メリットもたくさんあります。例えば、コンピュータ関係の言葉や科学分野などの言葉は無理に日本語に訳さず、カタカナ語を使った方が簡単で分かりやすいと思います。また、カタカナ語は日本語で直接的に言うよりもイメージをやわらかくすることができます。「決まった職業が無い人」と言うより「フリーター」と言った方が柔らかく聞こえませんか。ですから単純に「カタカナ語は日本語の乱れにつながる」と言い切ることはできないのです。

66 カタカナ語はどんな点が問題なのか。

1 若者がカッコイイと思ってカタカナ語ばかり使いたがる。
2 特にお年寄りには分かりづらく、正しく情報が伝わらないことがある。
3 テレビやラジオ、新聞などにカタカナ語が氾濫(はんらん)している。
4 公共機関や政治家たちが、専門的なカタカナ語ばかり使う。

67 カタカナ語を日本語に訳さず、そのまま使ったほうがいいものにはどんなものがあると言っているか。

1 テレビやラジオの中でよく使われる言葉
2 最近出てきた若者言葉
3 コンピュータ関係や科学分野などの言葉
4 外国から来た職業の名前

68 筆者が一番言いたいことは何か。

1 カタカナ語はメリットが多く、日本語を豊かにする可能性が高い。
2 カタカナ語を使わず、分かりやすい日本語を使わなければならない。
3 カタカナ語が増えると、日本語の乱れにつながるのでよくない。
4 カタカナ語にはメリットもデメリットもあるので、上手に使い分けるべきだ。

問題12 次の文章は、「相談者」からの相談と、それに対するAとBの回答である。三つ
の文章を読んで、後の問いに対する答えとして、最もよいものを1・2・3・4の
中から一つ選びなさい。

相談者

　小学5年生になる娘がいます。最近、毎日のように「携帯電話を買って」と言われて悩んでいます。娘のクラスの子達はどうなのか尋ねてみると、半分近くの子が自分の携帯電話を持っているようですが、携帯電話でトラブルを起こす子供が多いので心配しています。子供に良くないサイトを見てしまうこともあるでしょうし、間違ってボタンを押したために高い通話料金を払わなければいけなくなることもあると聞きました。部屋に閉じこもって友達と電話やメールをし、家族とのコミュニケーションがなくなることも心配です。夫は「もう5年生なんだし買ってあげたら?」と言い、①私の気持ちを理解してくれません。

回答者A

　私は子供に携帯電話を持たせるのは賛成です。私の子供は電車に乗って小学校に通っていますが、授業が終わって学校を出るときに電話させています。いつでも親子で連絡が取れるので便利です。また、子供の居場所が確認できるGPS機能も付いているので、友達と遊びに行ったりする時にも安心です。親がきちんとしていれば問題は起こらないと思います。

回答者B

　お母様の心配、よく分かります。子供が携帯電話を欲しいと言ってもすぐに買い与えず、まずは親子でよく話し合ってください。何のために使うのか、通話やメールをしたい相手は誰と誰なのか、料金の支払いはどうするか。注意しないと大変なトラブルになることを伝え、約束を守れなければ電話を使わせないぐらいしないと子供を守ることはできません。子供にきちんと指導した上で渡すのも親の仕事です。

[69] ①私の気持ちとは、どんな気持ちか。

1 娘には携帯電話を持たせたくない。
2 携帯電話を持つことでいろんなトラブルが起こるのではないか心配だ。
3 高い通話料金を請求されても払えないから困る。
4 夫が、娘に携帯電話を持たせることをあっさりと賛成したのが嫌だ。

[70] 「相談者」の相談に対するA、Bの回答について正しいのはどれか。

1 AもBも、子供に注意を与えた上で携帯電話を持たせることをすすめている。
2 AもBも、携帯電話にはメリットもあるがデメリットもあるので注意した方がいいと言っている。
3 Aは相談者の心配には同意せず、Bは相談者の悩みに理解を示し、具体的なアドバイスをしている。
4 Aは子供に携帯電話を持たせた方がいいと言い、Bは携帯を持たせない方がいいと言っている。

問題13 次の文章を読んで、後の問いに対する答として、最もよいものを1・2・3・4から一つ選びなさい。

　　日本の有名なテニス選手に伊達公子がいる。日本人の女子テニス選手として初めて世界トップ10に入り、最高記録は世界ランキング4位。1996年、25歳の時に一度引退したが、2008年に37歳で再びプロ選手に戻って日本中を驚かせた。伊達選手の強さ、さわやかさ、かんばる姿に勇気をもらった日本人は多かっただろう。

　　伊達選手は高校卒業後にプロのテニス選手になり、それから10年間トッププレーヤーとして世界中で試合を行った。10年もの長い間、きびしい練習を行い、世界のトップでいられたのは、彼女が「遠くを見ずに、目の前のことを必死にやってきたから」だという。ランキング(注1)の上の方にいたい、下に落ちたくない、負けたくないと思うと必ず落ちていくのだそうだ。「私が良かった点は、いつも無理の無い目標を持ってきたことです。例えば今世界ランキング25位だったら、次は20位以内に入りたいと思ってかんばりました。すると1年後、大体自分が目標にしたのと同じぐらいのランキングに入ることが出来ていたんです」

　　試合の前の日、彼女はベッドの中で試合のことを考え、相手がどうボールを打つか考えてから寝た。当然、翌日の試合の朝は緊張して「日本に帰りたい」と思った。日本に帰れば大勢の観客の前でテニスをしなくて済む。勝つことも無いが、負けてがっかりすることも無い。負けることが大嫌いな彼女も、さすがに逃げたくなることはあった。しかし彼女は逃げなかった。テニスに限らず、スポーツは私たちに強い感動を与えてくれる。伊達選手の①素晴らしい試合は私たち日本人に大きな感動を与えてくれたが、彼女はこう言う。「皆さん、私の試合を見て感動したと言ってくれますが、そういう良い試合が出来た時ほど何も考えずにボールを打っているんです。意識して『良い試合をしよう』なんて考えている時は、あまり良い試合が出来ないんです」。

　　2009年、39歳の伊達選手は13年ぶりに日本ランキング1位になった。「12年もテニスを休んでいた自分が1位になるのはよくない」と本人は②不満そうだが、彼女の元気な姿が元気のない日本のテニス界に刺激を与え、これから彼女に続く若い選手が育っていくことを願っている。

（注1）ランキング：1位、2位など、順位を付けること

[71] ①素晴らしい試合は、どういう時にできるか。

1 見に来てくれた人を感動させたいと思ってがんばった時
2 前の日によく寝て、体の調子が良い時
3 良い試合をしようと努力した時
4 何も考えずにボールを追った時

[72] なぜ伊達選手は②不満そうだったのか。

1 あまり良い試合が出来なかったのに1位になったから
2 自分より若い選手達にもっとかんばってもらいたいから
3 最近の日本人に元気がないから
4 今の日本のテニス界には自分のように年を取った選手しかいないから

[73] 伊達選手の成功の理由は何か。

1 いつも周囲の人たちに感謝の気持ちを忘れなかったから
2 高い目標を持ち、10年もの間、休まず練習を続けたから
3 自分に無理のない目標を立てて、目の前のことをかんばってきたから
4 試合の前の日、寝る前に次の日の試合での相手選手の動きを想像したから

問題14 次の2枚のカードは、結婚式の招待状である。下の問いに対する答えとして、最もよいものを1・2・3・4から1つ選びなさい

[74] 花嫁の姉は、何時までにどこへ行けばいいか。

1 午前11時までに東京グランドホテル桜ルームに行く。

2 午後12時までに東京グランドホテル桜ルームに行く。

3 午前11時までに東京グランドホテルの中にある教会に行く。

4 午前11時までに東京グランドホテルの外にある教会に行く。

[75] 送られてきた招待状を見て分かることは何か。

1 披露宴が始まる時間と終わる時間

2 新郎新婦の両親の名前

3 いつまでに出欠の連絡をすればいいか

4 新婦の結婚前の名前

結婚式のご案内

緑が美しい気持ちの良い季節になってきました

この度、私たちは長い間の交際を重ねいよいよ結婚することになりました。
普段お世話になっている皆様にいっしょに喜んでいただきたいと思い
簡単ではありますが、結婚式・披露宴(注1)を開きたいと思っています。
お忙しいとは思いますが、どうか御出席くださいますよう
よろしくお願いいたします。

2011年 4月 吉日
鈴木友郎　大田有里子

日時　　2011年6月25日　土曜日
披露宴　午後12時から
場所　　東京グランドホテル　桜ルーム

大変お手数ですが、ご出席いただけるかどうかのご連絡を
封筒に入れてお送りした葉書に書いて新郎新婦へお返事ください。
どうぞよろしくお願いいたします。

家族、親友の皆様

披露宴の前に教会で結婚式を行います。
親しい皆様にはぜひ結婚式にも参加していただきたいので
大変恐れ入りますが、当日は午前11時までに
ホテル内の教会まで来てくださいますよう
お願いいたします。

(注1) 披露宴：結婚を祝うために客を招待して行うパーティー

실전 예상 문제
해석 및 정답

실전 예상 문제 해석 — 내용 이해 (단문)

※ 별색 고딕 글자체가 정답이며, 정답 번호만은 260쪽에 있습니다.

 예상 문제 1

> 절약이란 무엇일까요? 제가 생각하는 절약이라는 것은 '지금' 정말로 필요한 것 외에는 사지 않는 것입니다. 이런 원칙을 지키기 시작한 이래, 집안에서 불필요한 물건들이 사라졌습니다. 그 결과 아주 심플한 생활이 되었습니다. 지출도 예전에 비해 압도적으로 적어졌습니다. 그리고 만일 무언가 사고 싶어졌을 때는 다시 이렇게 자신에게 물어봅니다. 정말로 '지금' 필요한 것인가라고. 대체로 이 단계에서 사지 않겠다는 결단을 합니다. 정말로 필요한 것이라도 '지금' 필요한지를 검토해보는 게 중요하다고 생각합니다.

필자는 절약을 하기 위해 중요한 점은 무엇이라고 말하고 있는가?

1. 앞으로 필요하다고 생각하는 것만 살 것.
2. 생활을 심플하게 만들어 지출을 줄일 것.
3. **늘 지금 정말 필요한 것인지 검토할 것.**
4. 뭔가 사고 싶어져도 사지 말 것.

 예상 문제 2

> 키, 두상, 눕는 자세, 침대의 쿠션 등, 숙면을 위한 조건은 사람마다 다 다릅니다. 게다가 매일 바뀐다고 해도 과언이 아닙니다. 우리 인간은 서있는 자세가 가장 몸에 부담을 주지 않는다고 합니다. 그 때의 신체는 등골격 전체가 커다란 S자를 그리는데, 그 중에서도 목 부분의 각도와 허리부분의 각도를 바르게 유지하는 것이 중요시 되고 있습니다. 서있을 때와 같이 자연스러운 상태를 유지하기 위해, 즉 숙면을 위해 없어서는 안 되는 것이 베개입니다.

베개에는 어떤 효과가 있다고 필자는 말하고 있는가?

1. 몸의 방향이나 머리의 형태를 고정시켜 몸무게를 가볍게 해 준다.
2. 허리의 각도를 S자로 유지시켜 준다.
3. 숙면을 위한 조건은 사람마다 다르나, 그것을 통일시켜 준다.
4. **목의 각도를 유지시켜 주어 서 있을 때와 동일한 상태로 만들어 준다.**

실전 예상 문제 해석   1 내용 이해 (단문)

 예상 문제 3

　우편 배달에는 '보통'과 '속달'이 있다. 속달이란 글자 그대로 빠르게 배달해 주는 서비스인데, 보통과 어떻게 다른 것일까?
　실은 속달은 다른 우편물보다 조금 우선시 되는 정도지, 우체통에서의 회수나 우체국 간의 운송 속도는 다르지 않다. 다른 것은 도착한 배달국부터인데, 일요일이나 휴일에도 배달된다. 또한 보통은 하루 한 번씩 배달하는 데 비해 속달은 하루 서너 번 배달을 나간다. 그런 것들을 생각하면 확실히 빠르지만, 배달국에 도착한 타이밍에 따라서는 보통과 같이 배달되는 경우도 있다. 또 속달로 보내도 마지막 회수해 간 다음에 우체통에 넣는다면 하룻밤을 우체통에서 보내게 되므로, 우체국에 직접 가지고 가는 등 보내는 사람의 노력도 필요하다.

'속달'에 관해 바른 설명은 어떤 것인가?

1 우체통에서 우체국까지 빨리 가져가므로 우체통에 빨리 넣는 것이 좋다.
2 언제나 빨리 배달되지만, 보통이 우선시 되는 경우도 있다.
3 하루에 서너 번 배달되므로 언제 우체통에 넣어도 상관없다.
4 **경우에 따라서는 보통과 같은 속도가 되므로 보내는 사람의 노력도 필요하다.**

 예상 문제 4

　여름에 에어컨을 사용하면 호스에서 물이 나온다. 이 물은 재이용할 수 있을까? 에어컨에서 나온 물은 특별히 유해한 화학물질이 들어 있지는 않다. 그러나 빗물과 마찬가지로 공기 중의 여러 가지 더러운 것들이 들어가 있다. 특히 에어컨 내부는 습도가 높아서 세균의 온상이 되는 경우도 있다. 그러므로 그대로 마시는 것은 바람직하지 않다. 흔히 식물에 주는 물로 사용한다고 한다. 그러나 땅에 심은 것이라면 문제가 없지만, 화분에 심은 것들은 죽어버리는 경우도 있다. 결국, 뿌리는 물(주1) 정도로밖에 사용할 수 없다.

　주1 뿌리는 물 : 정원이나 도로 등에 뿌리는 물

에어컨 물에 관해서 뭐라고 말하고 있는가?

1 빗물과 마찬가지로 공기 중의 더러움을 씻어준다.
2 자연환경을 위해 재이용하는 것이 좋다.
3 독이 들어 있으므로 마시면 위험하다.
4 **오염되어 있으므로 버리는 게 좋다.**

1 내용 이해 (단문)

 예상 문제 5

> 흔히 선생님이 학생들에게 '사람 인이라는 글자는 사람과 사람이 서로 받쳐주는 모습으로 만들어져 있다. 그러니까 모두 서로 도와야 한다.'라고 설교를 한다. 그러나 실은 이것은 설교하기 위해 만들어낸 이야기일 뿐이고, 사람 인이라는 글자의 내력과는 전혀 상관없는 것이다. 이 글자는 한 사람이 상반신을 앞으로 구부리고 서 있는 자세를 옆에서 본 형태로, 왼쪽은 머리에서 팔, 오른쪽은 등에서 다리의 라인을 나타내고 있다. 말하자면 외톨이(주1)의 그림이다. 이것을 학생들이 알게 된다면 선생님은 당당하게 설교하기 어려워질 것이다.
>
> (주1) 외톨이 : 친구가 없이 혼자 있는 것.

선생님이 설교를 할 수 없게 되는 이유는 무엇인가?

1. 사람인자는 서로를 받쳐주는 그림이니까
2. 사람인자를 옆에서 본 학생이 있으니까
3. **사람인자는 한 사람을 그린 그림이니까**
4. 사람인자의 성립내력을 학생이 알아 버렸으니까

 예상 문제 6

> 상대방의 약점을 잡고 무리한 요구를 하는 것을 '발밑을 보다' 혹은 '발밑을 파고들다'라는 말로 표현하는데, 대체 상대방의 발밑의 무엇을 보고 약점을 잡는다는 것일까?
>
> 옛날, 여행자들의 이동수단은 도보가 대부분이었다. 그러나 조금 여유가 있는 사람은 '가마'를 이용했다. 요즘으로 말하면 택시다. 가마꾼은 여행자의 신발의 더러움의 상태를 보고, 그 사람의 피곤함 정도를 판단하고, 상당히 지쳤다는 판단이 서면 보통 때보다 높은 가격을 요구했다고 한다.
>
> 현대에도 해외여행을 가서 외국인이라는 것을 알면 바가지를 씌우는 경우가 있다. 약점을 잡히지 않기 위해서는 언제나 구두를 잘 닦는 것이 좋을 것 같다.

언제나 구두를 잘 닦아 놓는 것이 좋은 이유는 무엇인가?

1. 택시를 이용하면 돈을 많이 지불해야만 하니까
2. **상대에게 자신의 약점을 잡히지 않기 위하여**
3. 구두가 더러우면 상대에게 실례가 되니까
4. 조금 여유가 생기면 금방 '가마'를 타고 싶어지니까

1 내용 이해 (단문)

 예상 문제 7

> 　남자도 화장을 하는 시대라고 한다. 피부손질을 위해 화장품을 사용하는 남성들도 적지 않다. 그런데 남성용 화장품과 여성용 화장품은 어떻게 다른가, 여성이 남성용 화장품을 사용해도 괜찮은 것일까?
> 　가장 다른 점은 피지(주1)와 보습(주2)이다. 피지의 양이 많은 남성용에는 유분을 없애주는 성분인 알코올 성분이 강하고, 보습은 적당한 정도다. 이에 비해 여성용은 보습은 물론 유분도 포함된 것도 있다. 남성이 여성용을 사용해도 별 문제는 없지만, 반대의 경우는 작용이 너무 강해서 피부를 상하는 경우도 있으므로 주의하는 것이 좋다.
>
> 주1　피지 : 피부에서 나오는 유분
> 주2　보습 : 피부 수분을 유지하는 것

필자는 남성용과 여성용 화장품에 대해 어떻게 말하고 있는가?

1　남성용과 여성용은 성분이 같으므로 어느 것을 사용해도 문제는 없다.
2　**남성용은 유분을 없애주는 성분이 강하므로 여성은 사용하지 않는 것이 좋다.**
3　여성용은 유분이 많이 들어있으므로 남성은 사용하지 않는 것이 좋다.
4　남성은 남성용을 여성은 여성용을 사용해야 한다.

 예상 문제 8

> 　친구는 결혼이 정해져, 그것을 보고하기 위해 부장실로 가던 길에 친한 동료를 만났습니다. 실은 그 동료도 우연히 결혼 보고를 하러 가는 길이었습니다. 친구와 동료는 함께 부장실로 들어가, 친구가 부장님께 보고를 했습니다.
> 　"저, 실은 이번에… 저희 결혼합니다."
> 　그 말을 들은 부장은, 한참 동안 두 사람을 바라보았습니다. 부장의 놀란 얼굴에, 어처구니없는 실언을 했다는 것을 깨달은 친구는 서둘러 실수를 정정하고 부장님의 오해를 풀어주었습니다. 별 생각 없이 한 말이 큰 실수가 되는 경우가 있습니다. 말을 할 때는 조심합시다.

부장이 놀란 이유는 무엇인가?

1　**필자의 친구가 동료와 결혼하는 것으로 오해했으므로**
2　필자의 친구가 오는 것을 모르고 있었으므로
3　필자의 친구와 동료가 함께 방으로 들어왔으므로
4　필자의 친구가 결혼하는 것은 아직 이르다고 생각했으므로

실전 예상 문제 해석   1 내용 이해 (단문)

 예상 문제 9

> 일본은 고령화 사회이다. 65세 이상의 노인이 인구의 4분의 1을 차지하고 있는 현재, 실버산업으로 불리는, 노인을 대상으로 한 비즈니스가 주목을 받고 있다. 이 산업의 구체적인 예로서 데이케어센터를 들 수 있다. 정해진 날짜와 시간에 노인이 모여서 필요한 서비스를 받을 수 있는 장소의 운영을 하고 있고, 그 숫자는 매년 증가하고 있다. 사회 전체의 경기가 나빠지는 가운데 실버산업은 눈에 띄게 성장하고 있는 흔치 않은 산업이다.

실버산업이란 어떤 산업을 가리키는가?
1. 고령화 사회를 가속시키는 산업
2. 노인의 일자리를 마련하는 산업
3. **노인에 관련된 일을 하는 산업**
4. 경기를 진작시키는 산업

 예상 문제 10

> 꿈에 관계된 이야기는 여러 가지 있지만, 일본에서는 새해 처음으로 꾸는 꿈을 첫 꿈이라고 하여 첫 꿈으로 그 해의 운수가 좋다거나 나쁘다거나 말하기도 한다. 지금도 설날이 되면 첫 꿈 이야기를 하는 사람이 있는데 그중에서도 베스트 3은 '1 후지, 2 매(주1), 3 가지(주2)'이다. 그 시작은 여러 가지 설이 있는 것 같은데, 그 중 하나가 후지산은 일본에서 가장 높은 산, 매는 높이 날고, 그리고 가지는 에도시대에 굉장한 고가의 것이었기 때문이라는 설이 있다고 한다.
>
> (주1) 매 : 새의 이름
> (주2) 나스비 : 가지

이 기사에 의하면 좋은 첫 꿈 베스트3의 유래는 어디에 있는가?
1. 세 가지 다 재수가 좋은 것
2. 세 가지 다 재수가 나쁜 것
3. 설날에 그 이야기를 하는 사람이 많다는 것
4. **높다(비싸다)라는 것**

| 실전 예상 문제 **해석** | 1 내용 이해 (단문) |

 예상 문제 11

> 일본의 주택은 부모와 자식들이 각각 별도의 독립된 방을 갖게 되어, 개인의 프라이버시를 지키고 자유로운 공간을 가질 수 있게 되었다는 점에서 서구화가 되었다고 말할 수 있습니다. 그러나 옛날처럼 가족이 함께 식사를 하거나 거실에서 일가 단란(주1)이 적어지고, 자녀를 외롭게 만들어 버린다든지 가족 관계가 원만하지 못할 때 각자의 방에서 지내 버리게 되었습니다. 서로를 존중하면서 가족의 커뮤니케이션을 어떻게 할까 하는 것이 앞으로 중요하게 될 것 같습니다.
>
> 주1 일가 단란: 가족이 모두 한 방에서 즐겁게 지내는 일

일본의 주택이 서구화가 되고 나서 일본의 가정이 변한 점이 무엇인가?

1. 개인의 프라이버시를 지키지 못하게 되었다.
2. **가족이 다 함께 식사할 기회가 줄었다.**
3. 부모 자식간의 관계가 안 좋아졌다.
4. 가족간의 커뮤니케이션이 잘 되게 되었다.

 예상 문제 12

> 메타보라는 단어가 현재 일반적으로 쓰이게 되었습니다. 원래는 영어의 메타볼릭신드롬이라는 배에 지방(주1)이 쌓여서 생기는 여러 가지 병의 원인이 되는 물질을 가리키는 단어였지만, 일본에서는 메타보라는 명칭으로 알려지게 되었습니다. 예를 들어서 배가 나온 사람에게 '메타보가 되지 않도록 운동 좀 해요.'라는 말을 합니다. 이처럼 최근에는 비만을 주의시키는 키워드로써 사용되는 경우가 많은 것 같습니다.
>
> 주1 지방 : 여분의 살

메타보라는 단어는 현재 어떻게 쓰이고 있다고 쓰여 있나?

1. 배의 지방을 나타내는 말로
2. 여러 가지 병의 원인물질이라는 의미로
3. 배가 나온 사람을 가리키는 말로
4. **비만을 주의시키는 말로**

예상 문제 13

> 　자신의 능력을 발휘할 수 있는 자리에 취직한다는 것은 참으로 행복한 일이다. 속담에도 '좋아하는 것이야 말로 달인의 지름길'이라는 것이 있는데, 어떤 일이라도 흥미를 가지고 하면 잘 하게 되기 마련이다. 유감스럽게도 현재 취직하지 못한 젊은이는 증가경향에 있다. 자기가 좋아하는 일이 무엇인지, 어떤 일에 소질이 있는지를 몰라 취직을 보류하고 있는 사람이 많아졌다는 뉴스도 자주 화제가 되는데, 우선은 무엇이라도 좋으니 시작해보고, 그리고 나서 자기가 좋아하고 잘 하는 일을 찾아보면 어떨까?

현재 일하지 않는 젊은이에게 우선 어떻게 하라고 권하고 있는가?

1　능력을 발휘할 수 있는 일을 찾을 것
2　좋아하는 일을 직업으로 할 것
3　일이 없을 때는 취직을 보류하고 준비 할 것
4　뭐라도 좋으니까 우선 시작해 볼 것

예상 문제 14

> 　최근의 조사에서 '일본인의 언어 사용이 흐트러져^(주1) 있다.'고 느끼는 사람이 많다는 것이 밝혀졌다. 확실히 문법적으로 바르지 않은 표현이나 본래 가지고 있는 의미와 다른 의미로 사용하는 사람도 많다. 그 중에서도 사회인으로 문제가 되는 것은 경어 사용의 오류다. 예를 들면 '선생님이 말씀하신 대로'라고 해야 할 것을 '선생님이 말씀드린 대로'라고 하는 식이다. 말이라고 하는 것은 변화하는 것이므로 이번 기회에 바른 언어 사용법을 의식하면서 자신의 언어사용을 확인해 보면 어떨까?
>
> 주1 　흐트러지다 : 예의가 무너지는 것

언어 사용의 흐트러짐 때문에 사회인으로서 특히 문제가 되는 것은 무엇이라고 하고 있는가?

1　문법적 오류
2　지나치게 정중한 말투
3　경어 표현의 오용
4　언어의 변화

실전 예상 문제 해석 — 내용 이해 (단문)

예상 문제 15

> 가치관(주1)의 다양화에 따라 '친구 부부'라고 불리는 부부의 형태도 나타나기 시작했다. '친구 부부'란 상대에게 아무것도 요구하지 않고, 상하관계가 아닌 친구처럼 때로는 의논하고 도우며 살아가는 부부이다. 이런 부부의 형태에 대해 찬성의 목소리도 반대의 목소리도 들리지만, 사회가 빠른 스피드로 변화해 가는 중에 부부의 형태도 여러 가지로 변화해 가는 것은 시대의 흐름으로써 당연한 것인지도 모른다.
>
> 주1 가치관 : 무엇이 중요하고 무엇이 중요하지 않은가 하는 판단

'친구 부부'란 어떤 부부인가?

1 가치관이 다양한 부부
2 상하관계가 아닌 부부
3 서로 찬성, 반대를 하는 부부
4 여러 가지로 변화해 가는 부부

예상 문제 16

> 현대인은 스트레스에 의한 수면장애를 안고 있는 사람이 많다. 밤에도 좀처럼 잠을 이루지 못한다든가, 몇 번이고 눈이 떠져서, 의사에게 상담을 하는 사람도 증가경향에 있다. 의사의 말로는 개인차는 있지만 수면시간은 약 다섯 시간이면 충분하다고 한다. 일곱 시간은 자야지 하고 생각하는 사람이 많지만, 너무 수면에 관해 신경을 쓰지 않는 것이 좋을 것 같다. 또 숙면을 위한 방법으로는 낮 시간에 운동을 해서 몸을 충분히 움직이는 것이 중요하다고하니 잠이 잘 안 오는 사람은 운동을 해보는 것이 좋을 것이다.

필자는 수면장애 극복을 위해 어떤 일을 권하고 있는가?

1 스트레스를 줄일 것
2 의사에게 상담 할 것
3 일곱 시간은 수면을 취할 것
4 운동을 할 것

실전 예상 문제 해석 — 2 내용 이해 (중문)

예상 문제 1

　회사에서 후배가 실수를 했을 경우, 선배는 꾸짖는다든지 주의를 주지 않을 수 없습니다. 이때 주의해야 할 점은, 다른 사람이 있는 앞에서는 절대로 혼을 내지 않는 것입니다. 다른 사람 앞에서 혼을 내면, 후배는 체면(주1)을 구겼다고 느끼게 됩니다. 실수에 관해서는 확실히 지적하면서도 '여기를 이렇게 하면 더 좋지 않았을까?' 등, 지적과 개선을 제안하는 형태를 취하면 좋을 것입니다.

　혼을 낸 쪽도 혼이 난 쪽도 별로 기분이 좋지는 않은 법입니다. 그 다음에 질질(주2) 길게 끌지 않도록 하는 것이 중요합니다. '업무상의 실수는 실수. 하지만 나와 당신의 관계는 또 다른 것'이라는 식으로, 나중에 아무 일도 없었던 것처럼 차나 점심을 같이 하자고 권해 보는 등, 배려를 보이는 여유가 필요한 부분입니다.

　또한 역으로 칭찬을 할 때는, 주저하지 말고 좋은 점을 많이 칭찬해 주면 좋을 것입니다. 칭찬할 때는 다른 사람 앞에서 칭찬하도록 합니다. 부자연스럽지 않도록, 하지만 약간 주위 사람들에게 들리도록 '역시' '상당히 괜찮다' 등, 짧은 말로 깔끔하게 칭찬하는 것이 효과적입니다. 인간은 몇 살이 되어도 칭찬을 받으면 기쁨을 느낍니다. ① 플러스 말을 많이 해 줌으로써, 후배들의 의욕이 점점 더 생길 것이라고 생각합니다.

(주1) 체면 : 세상 사람들이나 주위에 대한 체면·입장·명예
(주2) 질질 : 성격이나 하는 방식이 끈질긴 모습

1 ① 플러스 말이란 무슨 말인가?
1. 부자연스러운 말
2. 과장된 말
3. 깔끔한 말
4. **칭찬해 주는 말**

2 후배를 혼낸 다음에 해야 할 중요한 것은 무엇인가?
1. 후배의 체면을 생각해 주는 것
2. 질질 후배를 계속 혼내는 것
3. **일과 개인의 문제는 별개라고 신경을 쓰는 것**
4. 앞으로는 실수를 하지 않도록 타이르는 것

3 필자는 후배의 의욕을 북돋우기 위해서는 어떻게 하면 좋다고 말하고 있는가?
1. **많이 칭찬해 주면 좋다.**
2. 차나 점심을 같이 하자고 말해 주면 좋다.
3. 혼을 낼 때는 사람이 없는 곳에서 혼내면 좋다.
4. 짧은 말로 깔끔하게 말하면 좋다.

실전 예상 문제 해석   2 내용 이해 (중문)

 예상 문제 2

 사진을 찍을 때 '멋진 장면이다'하고 셔터를 눌렀는데, 잘 안 될 때가 많다. 지면의 범위가 너무 크다든가, 심볼이 되는 건물이 중간에 잘려버리든가 한다. 얼마 전 시민 강좌에 프로 사진가의 강의가 있다기에 사진 잘 찍는 비결(주1)을 배우고 싶어 수강을 했다.
 프로 사진가로부터 다음과 같은 것을 배웠다.
 우선, 사진을 찍을 때는 줌을 사용하지 말고 가능한 한 자기의 발로 앞으로 나가거나 뒤로 물러날 것. 사진이라는 것은 셔터를 누르는 사람의 의욕이 중요한 모양이다. 괜찮다 생각되면 스스로 다가가는 거다.
 다음으로는 그날 그때가 중요하다는 것이다. 찍고 싶은 순간은 다시 오지 않는다.
 프로 사진가가 몇 번이고 말했던 것은 '셔터를 누르는 사람의 감각이 사람들의 마음을 움직인다'는 것이었다. 카메라를 든 사람의, 어떻게 잘 찍을까 하는 열의가 좋은 사진에는 들어있다고 한다.
 나는 글을 쓰는 취미가 있다. 지금의 기분을 어떻게든 글로 써서 남기고 싶다는 생각이 들 때가 있다. 그런 때는 이것저것 계속 쓴다. 몇 번씩 다시 쓰기도 하고, 컴퓨터 앞에서 서성거리기도 한다. 그렇게 나온 작품은 읽어주는 사람도 많다.
 나의 사진이 별로(주2)였던 것은 테크닉이 아니라 마음이 별로였기 때문이었다는 새삼스럽게 깨달았다.

주1 : 비결 : 무언가를 할 때의 요령단
주2 : 별로 : 조금 모자람

1 필자는 왜 시민강좌를 수강하였나?

 1   프로 사진가를 만나고 싶어서
 2   사진 촬영의 비결을 배우고 싶어서
 3   사진을 찍을 때의 '마음'을 배우고 싶어서
 4   글을 쓰는 테크닉을 알고 싶어서

2 프로사진가의 강의에서 무엇을 배웠나?

 1   심볼이 되는 건물을 제대로 만들 것
 2   사진을 찍을 때는 자신의 발로 움직일 것
 3   사진은 충분히 생각하고 나서 찍을 것
 4   컴퓨터로 사진을 수정할 것

3 사진을 찍을 때, 무엇이 가장 중요한가?

 1   사진을 찍는 장소
 2   사진을 찍는 테크닉
 3   사진을 찍는 사람의 열의
 4   카메라의 셔터를 누르는 순간

실전 예상 문제 해석 — 2 내용 이해 (중문)

예상 문제 3

얼마 전까지 100엔 숍이라고 하면 슈퍼마켓 구석에서 부엌용품 등의 일용품을 조금 취급하던 정도였지만, 최근의 100엔 숍에 갖춰진 품목의 충실함은 정말 대단하다. 이런 것이 100엔? 하는 놀라움으로 매장 안을 모험하는 즐거움도 있다. 그러나 어떻게 그렇게까지 싼 가격으로 취급할 수 있는 것일까?

우선 누구나 상상하는 것은 중국이나 베트남 등에서의 생산품이다. 수십~수백만 개라는 단위로 주문을 하고 중간업자를 통하지 않고 직접 구입 및 현금 결제로 중간에 지불하는 수수료를 절약한다. 또 국내 회사에서도 팔다 남은 재고품을 싸게 사거나, 도산한 회사에서 헐값으로 사들이기도 한다. 파는 쪽에서도 대량의 재고품을 재빠르게 현금화할 수 있어서 매력적이다.

수송에 관해서도 일반 운송업자를 이용하지 않고, 빈 차로 돌아가는 이삿짐센터나 수산물 회사의 트럭, 이른바 ①'화물 공차'를 이용함으로써 비용의 1/2~1/4 정도를 절약한다.

매장에 진열된 상품에는 원가 5엔 정도의 물건이 있는가 하면, 손님을 끌기 위해서 이윤이 나지 않는 물건도 있으나, 전체적으로는 수익이 나게 되어 있다고 한다.

1 ① '화물 공차'란 무엇인가?
1. 수송을 전용으로 하는 트럭
2. 보통은 짐을 싣고 오지 않는 트럭
3. 이사나 수산물 회사의 트럭
4. 평상시보다 1/2~1/4 정도 싼 트럭

2 100엔 숍이 가격을 싸게 하기 위해서 하는 일은 어떤 것인가?
1. 남은 물건을 빠르게 현금화하는 것
2. 중국이나 베트남에 가서 물건을 싸게 사 오는 것
3. 슈퍼마켓에서 주로 부엌용품이나 일용잡화를 판매하는 것
4. 도산한 회사로부터 헐값으로 사서 그것을 파는 것

3 예전의 100엔 숍 이미지는 어떤 것이었는가?
1. 슈퍼마켓 구석에 일용품을 조금 취급하는 정도의 소규모인 것
2. 많은 물건을 갖춘 큰 것
3. 매장 안을 모험하고 싶을 정도의 굉장한 것
4. 곧 망할 것 같은 작은 것

실전 예상 문제 해석 — 2 내용 이해 (중문)

예상 문제 4

회사에서 집에 돌아와 보니 테이블 위에 있던 하모니카가 눈에 들어왔다. 충동적으로 불어봤지만 생각대로 음이 나오지 않았다. 옛날에는 조금 더 잘 불었던 것 같은데. 몇 번이나 같은 곳에서 틀리고는 자신이 아닌 하모니카 탓을 하면서, 옛날 생각을 하면서 2시간 정도 특별훈련을 했다.

그 당시 같이 살던 삼촌이 작은 까만 가방을 조심스럽게 안고 귀가했다. 삼촌은 싱글벙글하며 낡은 가방의 지퍼를 열기 시작했다. 가방 안에서는 무언가가 꼬물거리는 기척이 났다. 삼촌이 그 속에서 꺼낸 것은 갓 태어난 강아지였다. 겨우 걸음을 뗄 정도의 귀여운 강아지. 까만 코와 눈이 사랑스러웠다. 그날부터 우리 집에 새로운 가족 '톰'이 더해졌다.

초등학교에서 돌아온 내가 란도셀(주1)에서 하모니카를 꺼내려고 하면, 톰이 내 옆에 조용히 다가와 앉았다. 연습곡을 불기 시작하면 처음에는 조용히 듣고 있지만, 차츰 곡에 맞춘 듯이 얼굴을 공중으로 들어올리고 부드럽지만 어딘지 모르게 구슬픈 노래를 시작했다. 잠깐 쉬고 있으면 어서 연습하라고 재촉하는 듯한 눈으로 나를 바라보았다. 한동안 ①그것이 나와 애견 톰의 일과가 되었다.

오늘도 하모니카로 톰이 같이 노래해 주었던 추억의 곡을 불었다. 지금은 혼자만의 연주지만.

(주1) 란도셀 : 초등학생이 학교에서 사용하는 도구를 넣어 등에 메고 다니는 가방

1 ① 그것은 무엇을 가리키는가?
1 톰이 내 옆에 조용히 앉아있는 것
2 하모니카 연습을 멈추면 톰이 재촉하는 것
3 톰이 공중으로 얼굴을 들어올리고 짖는 것
4 하모니카 연습 중에 톰이 거기에 맞추어 노래 부르는 것

2 애견 톰은 지금 어디에 있는가?
1 가방 속
2 삼촌 집
3 내 옆
4 어디에도 없다

3 본문의 제목으로 가장 적절한 것은?
1 삼촌의 검은 가방
2 하모니카와 애견
3 새로운 가족 톰
4 하모니카 연습

예상 문제 5

　회사에 젊은 신입사원들이 들어와, 제일 처음 느끼게 되는 것이 세대 차가 아닐까? 그러나 세대 차이라는 것은 그렇게 문제가 아니고, 제대로 된 커뮤니케이션이 가능한가가 문제다.
　바로 얼마 전까지 학생이었던 신입사원들과는 나이 차이, 세대 차이를 느끼는 것은 어쩔 수 없는 일이다. 그러나 무리해서 젊은 사람들의 말에 맞추어 최신 유행어(주1)를 쓴다든지, 필요 이상으로 상대에게 맞출 필요는 없다.
　후배라도 정중한 태도로 부탁하는 것이 중요하다. 아무리 막 들어온 사람이라고 해도, 후배에 대해서 거만(주2)한 태도를 보여서는 안 된다. 거래처 고객, 상사, 동료, 후배 등 상대에 따라 단어 사용이나, 태도가 달라지는 것은 당연하나, 후배한테만 강압적인 태도를 보이는 등, 인격이 의심되는 행동을 하지 않도록 주의해야 한다. 상대가 신입사원이라도 일을 부탁할 때는 ①쿠션 언어를 사용하자.
　"바쁜데 미안하지만…."
　"지금 괜찮아?"
　"수고스럽겠지만 말이야…."
　"이거 귀찮은 부탁이라 미안한데…."
　등, 상대의 입장을 배려하면서 말을 한다. 부탁을 하는 경우는 업무 지시 내용이나 기한을 명확하게 전달한다. 업무를 부탁한 다음에는, 문제없이 잘 진행되고 있는지 물어보는 등의 배려를 잊지 않는 것이 좋다.

(주1) 최신 유행어 : 요즘 유행하는 말
(주2) 거만 : 뻐기면서 사람을 무시하는 태도

---

1 ①쿠션 언어라는 것은 어떤 말인가?
1　젊은 사람들과 맞추기 위해서 사용되는 요즘 쓰는 말
2　상대에게 인격을 의심받지 않기 위해 사용되는 말
3　무언가를 부탁할 때, 상대를 배려하여 쓰는 말
4　업무의 지시 내용이나 기한을 명확하게 전달하기 위해 사용되는 말

2 필자가 문제라고 생각하는 것은 무엇인가?
1　후배와 제대로 커뮤니케이션을 할 수 있는지의 여부
2　나이나 세대 차이로 젊은 사람들과 말이 안 통하는 것
3　필요 이상으로 상대에게 맞출 수 밖에 없는 것
4　상대에 따라 단어 사용이나 대하는 태도가 다른 것

3 후배에 대한 태도로서 가장 중요한 것은 무엇인가?
1　무리를 해서라도 후배에게 이야기를 맞추어 주는 것
2　아무리 후배라고 해도 정중한 태도로 대하는 것
3　후배에게 무시당하지 않도록 거만한 태도를 취하는 것
4　업무를 기한에 맞추어 제대로 하는지 확인하는 것

실전 예상 문제 해석 2 내용 이해 (중문)

예상 문제 6

　자신이 일하는 회사의 월급이 내려갔을 경우, 자신의 능력에 자신감을 가지고 있는 샐러리맨이라면 더 높은 월급을 받을 수 있는 회사로 전직(주1)하는 것을 생각하게 될 것이다.
　그러나 현실적으로는 많은 샐러리맨들이 전직을 희망하지 않는다. 월급이 낮고 지금의 회사에 불만이 있더라도, 좀처럼 전직을 못하는 이유는 무엇일까. 샐러리맨이 전직을 하는 경우 전직에 의해 캐리어 업(주2) 될 가능성도 있지만, 반대로 캐리어 다운(주3) 될 위험성도 있다. 어느 쪽이 될 것인지는 미리 알 수 없지만, 대부분의 사람들은 캐리어 다운에 의한 '불이익' 쪽을 생각하는 경향이 있다.
　그 결과 손실을 피하고자 하는 쪽으로 생각이 기울어 전직을 하지 않는, 즉 급여 면에 불만이 있더라도 현재의 회사에서 근무를 지속하는 선택을 하고 마는 것이다.
　최근의 연구에 의하면, ①이러한 인간의 심리나 행동은 ②'현상유지 바이어스'로 설명된다고 한다. '현상유지 바이어스'라는 것은, 인간은 지금 자신이 처한 상황이나 습관이 바뀌는 것을 싫어하는 경향이 있다는 것이다.
　그렇다면 왜 인생의 다양한 상황에서 '현상유지 바이어스'가 생기는 것일까. 그것은 현재의 상황이 변하는 것에 의해 장래 일어날 수 있는 '이익'과 '불이익'을 비교할 때, 예를 들어 확률이 50%씩이라고 해도 많은 사람들은 주관적으로 '이익'보다는 '불이익' 쪽을 과대평가해 버리기 때문이다.

(주1) 전직 : 직업을 바꾸는 일
(주2) 캐리어 업 : 보다 높은 자격, 능력을 갖게 되는 것
(주3) 캐리어 다운 : 현재보다 낮은 지위의 일을 하게 되는 것

1 ① 이러한은 무엇을 가리키는가?
　1 월급이 적어도 전직을 선택하지 않는 것
　2 빨리 캐리어 업을 하고 싶은 것
　3 **이익보다는 불이익을 먼저 생각해버리는 것**
　4 늘 급여면에 불만을 가지고 있는 것

2 ② '현상 유지 바이어스'란 무엇인가?
　1 급여면에 불만이 있더라도 현재의 회사에서 근무를 지속하는 것
　2 **지금 자신이 처한 상황이나 습관이 바뀌는 것을 싫어하는 것**
　3 장래 일어날 수 있는 '이익'과 '불이익'을 비교해 버리는 것
　4 '이익'보다도 '불이익' 쪽을 과대평가하는 것

3 월급이 내려가도 지금 근무하고 있는 회사를 바꾸지 않는 것은 왜인가?
　1 회사를 바꾸어도 손실을 피할 수 없으리라는 것을 알고 있기 때문에
　2 인간은 지금 자신이 처한 상황에 만족해 버리는 경향이 있기 때문에
　3 이익과 불이익의 확률은 50%씩이라고 해도, 지금의 회사에서 일하는 것이 좋기 때문에
　4 **지금 근무하고 있는 회사를 바꾸면, 불이익이 많을지도 모른다는 생각이 들기 때문에**

실전 예상 문제 해석 — 2 내용 이해 (중문)

예상 문제 7

> 식당의 입구 등에 곧잘 '영업중'이라고 쓴 표찰이 걸려있다. 그 뒤편에는 으레 '준비중'이라고 써 있는데, 그렇다고 꼭 가게 안의 종업원이 준비를 하고 있는 것은 아니다. 이 표찰은 굉장히 편리한 것으로 폐점 후나 점심시간과 저녁식사 중간의 쉬는 시간에는 그것을 뒤집어 놓으면 된다.
>
> 이 '준비중'에 해당하는 단어를 해외에서는 본 적이 없다. 생각해보면 이 ①'준비중'이라는 단어는 조그만 발명이라고 해도 좋을지도 모르겠다. '오늘은 폐점했습니다'라는 표찰도 가끔 보지만, 이렇게 하면 폐점 후는 괜찮지만 이튿날 아침(주1) 개점 전에 걸려있으면 좀 이상할 것이다. '곧 개점합니다'라고 써놓으면 좋을까? 그렇게 하려면 누군가를 일찍 출근하게 해서 표찰을 걸도록 시켜야 한다. 그래서 '폐점 후'이면서 동시에 '개점 전'이라는 사정을 설명해 주는 '준비중'은 아주 편리한 말인 것이다. 점포가 열려 있는지 닫혀 있는지는 문을 열어보면 알 수 있지만 손님으로서는 귀찮은 일이다.
>
> 이런 것에 일일이 신경을 쓸 필요는 없을지도 모르지만, 나는 이런 보통 누구나 보는 말에서 조그만 발견을 하는 것을 즐거움으로 삼고 있던 터라 ②그런 의미로 '준비중'이라는 단어는 나로서는 대단한 발견이었던 것이다.
>
> (주1) 이튿날 아침 : 다음 날의 아침

1 필자는 왜 ①'준비중'이라는 단어가 조그만 발명이라고 생각하는가?
1. 지금 가게 안에서 종업원이 준비를 하고 있는 것을 알 수 있으므로
2. 이미 폐점했다는 것과 아직 개점하지 않았다는 것을 동시에 알 수 있으므로
3. 종업원 한 사람이 일찍 와서 표찰을 걸지 않아도 되니까
4. 가게가 열려 있는지 닫혀 있는지 손님이 문을 열어보게 되어 있으므로

2 ②그런 의미로라는 것은 어떤 것을 가리키는가?
1. 해외에서는 본 적이 없다는 것
2. 단어의 본래의 의미를 일일이 따지는 것
3. 인생을 즐기는 것
4. 보통 아무도 신경 쓰지 않는 말에서 무언가를 발견하는 것

3 이 글에서 필자가 가장 말하고 싶어 하는 것은 무엇인가?
1. 일본인은 고안을 잘한다.
2. '준비중'이라는 말은 일본에서밖에 본 적이 없다.
3. '준비중'이라는 말의 흥미로움을 발견했다.
4. 내가 '준비중'이라는 말을 발견했다.

실전 예상 문제 해석 2 내용 이해 (중문)

예상 문제 8

> 일본의 종이 생산량과 소비량은 세계 톱 클래스다.
>
> 2001년 조사에 의하면 생산량은 미국이 다른 나라를 크게 앞지른 1위로 세계 생산량의 약 25%를 차지하고 있다. 2위는 중국으로 최근의 경제성장에 의해 생산량이 늘어나, 과거 10년 동안 2배 이상 늘어났다. 그리고 3위가 일본이다.
>
> 또한, 국민 1인당 종이 소비량에서는 일본은 세계 8위이지만 아시아에서는 제일 많이 종이를 사용하고 있고, 그 양은 중국의 8배, 한국의 1.5배로 세계 평균의 약 5배이다. 아시아 1위라고 해서 기뻐할 등수가 아닌 것은 확실하며, 이제는 일상적인 것이 되어버린 과잉 포장 등 문제가 많다.
>
> 세계에는 200개 이상의 국가가 있고 각각의 국가에서 종이를 소비하고 있다. 그러나 선진국(주1)이 소비하는 종이의 양이 너무 많은 것이 문제다. 종이를 소중하게 다루는 일은 나무를 소중하게 다루는 것에 연관되고, 즉 자연 보호와도 연결된다.
>
> 자원이 거의 없는 일본이 이렇게 막대한 양의 종이를 소비하고 있다는 것은 우리도 진지하게 받아들이고, 우선은 우리가 할 수 있는 일, 즉 종이를 헛되이 낭비하는 일이 없도록 신경을 써야 하지 않을까?
>
> (주1) 선진국 : 정치, 경제, 문화 등이 국제수준으로 볼 때 발전된 국가

1 종이 과다사용은 주로 어디에 문제가 있는가?
1. 중국이 지나치게 발전한 것
2. 지나치게 포장하는 것
3. **선진국이 종이를 과다 사용하는 것**
4. 원료가 제한되어 있는 것

2 일본의 종이 소비량이 많은 원인은 무엇이라고 말하고 있는가?
1. 선진국이기 때문에
2. **과잉 포장이 습관이 되어 있기 때문에**
3. 목재가 많이 생산되기 때문에
4. 자연을 지키려는 생각이 별로 없기 때문에

3 필자가 제일 말하고 싶은 것은 무엇인가?
1. 일본의 종이 소비량은 생산량에 비해 많다.
2. 중국이 최근 생산량을 늘인 것은 경제 발전하고 있기 때문이다.
3. 일본이 종이 사용량이 아시아 톱이라는 것을 기뻐해야 한다.
4. **종이를 낭비하지 않는 것은 자연 보호로 이어진다.**

실전 예상 문제 해석

2 내용 이해 (중문)

예상 문제 9

봄에는 아침에 이불에서 나오기가 괴롭다는 것은 많은 사람이 느끼고 있을 것입니다. 이렇게 느끼는 것은 일조시간이 길어져, 신체리듬이 미묘하게 어긋나는 것이 원인인 것 같습니다.

수면에는 두뇌의 어느 부분에서 분비(주1)되는 멜라토닌이라는 호르몬이 관계하고 있습니다. 멜라토닌은 어두울 때는 다량으로 분비되고, 밝아지면 줄어듭니다. 수면 중에는 멜라토닌이 늘어나고, 깨어있을 때는 줄어드는 것이 확인되고 있는데, 멜라토닌이 수면의 '결과'에 작용하는지 '원인'에 작용하는지는 실제로 확실하지 않습니다.

어쨌든 항공 회사에서 일하는 사람 등, 시간이 불규칙한 업무를 하는 사람들 중에는 건강보조식품으로 된 '멜라토닌'을 복용하고 있는 사람이 많은 것 같습니다. 들은 바에 의하면 미국에 가는 아는 사람에게 '멜라토닌'을 사다 달라고 부탁하는 사람도 있다고 합니다. 미국에서는 드럭스토어로 불리는 대형 약국 등에서 살 수 있기 때문입니다.

그러나 '멜라토닌'은 수면제(주2)가 아니므로 복용한다고 바로 잠이 드는 것은 아니고 잠자는 시간대를 조금 옮기기 위한 것이기 때문에 해외여행을 할 때는 여행지의 시간을 생각해서 3일 정도 전부터 계획적으로 복용할 필요가 있습니다.

어두워지면 자고 밝아지면 일어나는 식으로 자연에 맞추어 일찍 자고 일찍 일어나는 것이 가장 좋을 것입니다.

또한 적당한 운동도 필요합니다. 그러나 현대인의 생활을 보면 이러한 일들이 쉽지만은 않을 것 같습니다.

주1 분비 : 세포가 몸에 필요한 물질을 만들어 세포 밖으로 배출하는 것
주2 수면제 : 쉽게 잠들도록 해주는 약

1 잠들기 쉽게 하기 위해 평상시 할 수 있는 일은 다음 중 무엇인가?
1 방을 어둡게 한다.
2 방을 밝게 한다.
3 3일정도 수면제를 복용한다.
4 수면제를 계속 복용한다.

2 '멜라토닌'의 효과는 다음 중 어느 것인가?
1 신체 리듬을 조정한다.
2 복용 즉시 잠이 들게 된다.
3 수면 시간대를 바꾼다.
4 2, 3일 복용하면 금방 잠들게 된다.

3 필자는 어떻게 하면 좋은 수면을 취할 수 있게 된다고 조언하고 있는가?
1 멜라토닌을 건강보조식품으로 섭취한다.
2 수면제를 먹는다.
3 잠자는 시간대를 조금 옮긴다.
4 일찍 자고 일찍 일어나며 적당한 운동을 한다.

예상 문제 10

　달콤한 꿀의 향기에 이끌려 나비(주1)가 꽃에 다가온다고 하면 아주 그럴듯하지만, 과학적으로 말하자면 이것이 완전한 오류인 모양이다.
　그 예로, 이런 실험 결과가 있다. 나비가 있는 방안에 향기가 없는 화려한 색의 꽃을 놓아두면 당장에 나비가 다가와 꿀을 찾는다. 다음에 조그맣게 자른 화려한 색의 색종이를 가는 철사 끝에 붙여 같은 실험을 해도, 역시 나비는 색종이에 앉아 꿀을 찾는다고 한다. ①이상의 실험에서 나비는 꽃의 향기나 모양에 관계없이 다만 색깔에 의해 꽃으로 날아온다는 것이 밝혀졌다. 실험에 의하면 노란색이나 보라색 꽃에 잘 모여든다고 한다.
　사람은 꽃을 보면, 우선 아름다운가 생각하고, 향기를 맡아보는 경우가 대부분이지만, 나비에게는 색깔은 중요하지만 꽃의 생김새나 향기는 아무 상관없다. 화려한 색깔이 아닌 꽃은 나비에게는 처음부터 도외시 되는 것이다.
　그런데, 만약에 벌도 색깔만을 의지해서 꿀을 모으려 한 거였다면 우리가 먹는 벌꿀(주2)의 맛도 왠지 ②신용할 수 없을 것 같은 생각이 약간 든다.
　새도 날개가 아름다운 수컷이 암컷에게 선택된다고 알려져 있고 인간도 화려한 외모가 중시된다고 해도 과언이 아닐 것이다. 자연계를 살아나가는 존재는 살아남기 위해서라도 외모가 눈길을 끄는 것이 상당히 중요하다는 것을 재확인한 기분이 든다. 나로서는 귀가 따가운 이야기다.

주1 쵸 : 나비
주2 벌꿀 : 벌이 모아온 꿀

1 ① 이상의 실험이란 어떤 실험인가?

1 나비가 화려한 꽃이나 색종이 근처를 어떻게 나는가를 조사한 실험
2 나비가 방안에서도 능숙하게 날 수 있는가를 조사한 실험
3 꽃에 앉은 나비가 어떻게 꿀을 빨아들이는가를 조사한 실험
4 꽃의 어떤 점에 나비가 다가오는가를 조사한 실험

2 왜 ② 신용할 수 없을 것 같은 생각이 약간 든다는 것인가?

1 벌이 꽃의 생김새만 체크하므로
2 벌이 꽃의 향기만을 체크하므로
3 벌이 맛을 체크하고 꿀을 모으므로
4 벌이 맛을 체크하고 꿀을 모으는 것이 아니므로

3 필자가 말하고 싶은 것은 무엇인가?

1 나비가 어떻게 꽃의 형태를 알까 하는 것
2 맛있는 벌꿀은 어떻게 선택되는가 하는 것
3 자연계에서 살아남기 위해서는 눈길을 끄는 화려함을 갖는 것이 중요하다는 것
4 필자에게 외모에 관한 이야기가 얼마나 귀가 따가운 이야기인가라는 것

실전 예상 문제 해석 — 2 내용 이해 (중문)

예상 문제 11

　여행, 특히 아시아를 여행하다 보면, 인간은 걷는 동물이구나 하고 느낄 때가 있다. 예를 들면 저녁 무렵, 아무것도 없는 곳을 차로 달리고 있으면, 멀리 혼자서 걷는 사람이 있다. 근처에 사람이 살고 있을 것 같은 마을 따위도 없다. 그런데도 짐다운 짐도 없이 머리에 뭔가 하나를 달랑 올려놓은 채 마냥 걷고 있다.

　히말라야의 상당한 오지인 티베트까지 걸어서 가는 사람들을 본 적이 있다. 기가 막힐 정도로 먼 길을 걸어서 간다. 사람 한 사람이 겨우 걸어갈 수 있을 정도의 좁은 길을 모두 맨발로 걸어간다.

　아시아 여행에서 본 걷는 사람들은 산다는 것은 걷는 것이다라고 말하듯이 망설임없이 그저 앞으로 나아갔다. 그 중에는 조그만 보따리에 가재도구 일식을 싸서 가지고 다니는 사람도 있었다. 모든 것이 손에 들 정도의 크기로 정돈되어, 휴식을 할 때는 그 짐을 하나의 지팡이^(주1)에 매어 버린다. '아하, 가재도구가 전부, 저 보따리 안에 들어 있는 거구나'하고 ①나도 모르게 웃어버렸다. 한편 나는 단지 일주일 정도의 여행에 불과하지만 무거운 슈트케이스와 절대 떨어져서는 못사는 컴퓨터를 겨우 끌고 다니고 있다는 것이 정말로 웃긴다는 생각이 들었다.

　집을 그대로 등에 지고 이동하는 사람들의 경쾌함과 자유를 생각해보면, 우리들이 지고 있는 현실의 짐은 너무 무거운 것이 아닐까? 우리들은 너무 많은 물건에 둘러싸여 살고 있는 것이다.

> 주1 지팡이 : 걸음을 도우려고 짚는 막대기

1 필자는 여행중에 걷고 있는 사람들을 보고 어떻게 생각했는가?
1. 짐다운 짐도 없이 불쌍하다.
2. 가재도구 일식을 들고 다니는 것은 힘들다.
3. **사람들의 경쾌함과 자유가 부럽다.**
4. 최소한의 물건은 생활에 필요하다.

2 ② 나도 모르게 웃어 버렸다의 이유는 무엇인가?
1. **가재도구가 전부 조그만 보따리 안에 들어가는 간소함**
2. 가재도구를 전부 들고 다닐 수 있는 강인함
3. 가재도구를 전부 조그만 보따리에 넣을 수 있는 손재주
4. 가재도구를 전부 가지고 다녀야만 하는 불편함

3 필자가 제일 하고 싶은 말은 무엇인가?
1. 사람은 걷지 않으면 안 된다.
2. 산다는 것은 걷는 것이다.
3. 많은 가구에 둘러싸여 살아가는 우리들은 행복하다.
4. **많은 물건에 둘러싸인 생활을 재검토하고 싶다.**

예상 문제 12

얼마 전에 비교적 강한 지진이 있었던 날, 텔레비전과 라디오를 동시에 틀어놓고, 어느 쪽이 빠른가, 어느 쪽이 더 자세한가를 비교해 보았다.

첫 보도는 라디오가 빨랐다. 텔레비전에서는 화면에 자막을 내보내야 하므로 그만큼 늦어지는 것이겠지. 뉴스의 내용 또한 라디오의 세밀함은 텔레비전과는 비교도 되지 않았다.

대개의 경우, 텔레비전 뉴스는 영상을 내보내고 거기에 맞추어 아나운스 멘트가 나온다. 예를 들면 경찰서가 커다랗게 비춰지고 그와 동시에 'O×용의자는 O×경찰서에 체포 되었습니다'라는 아나운스 멘트가 나오는 식이다. 라디오에서는 ①이런 것들이 없기 때문에 사건의 흐름을 말로만 전해준다.

이번 지진에서도 처음에는 영상을 구하지 못했는지, 텔레비전의 아나운스만으로는 충분하지 않았던 것 같다. 반면에 라디오는 전화로 많은 사람의 이야기를 듣고, 상황을 전하는 등, 그 실력을 발휘했다.

텔레비전을 모두 일제히 켠다면, 지진이 일어났을 때는 전력부족이 될 수도 있다. 또한 정전이 되면 텔레비전은 아무 소용없는 물건이 되고 만다. 라디오는 건전지로도 작동되는 훌륭한 도구다. 다만 스페어(주1) 건전지도 잊지 말고 준비해 두어야겠다. 지진이 많은 일본에서는 21세기인 지금도 라디오를 많이 활용해야 한다고 목소리 높여 말하고 싶다.

주1 스페어 : 예비

1 ① 이런 것들이란 무엇을 가리키는가?
  1 용의자와 경찰서
  2 아나운스
  3 뉴스에 관계된 영상
  4 사건의 흐름

2 텔레비전과 라디오의 차이를 올바르게 서술하고 있는 것은 어느 것인가?
  1 라디오는 영상이 없는 만큼 텔레비전보다 말로 전하는 힘이 있다.
  2 라디오는 영상이 없는 만큼 텔레비전보다 상황을 전하기 어렵다.
  3 텔레비전은 영상이 있어서 라디오보다 알기 쉽다.
  4 텔레비전은 자막이 화면에 나오므로 그것을 읽는데 시간이 걸린다.

3 필자가 제일 하고 싶은 말은 무엇인가?
  1 지진이 일어났을 때 정전이 될지도 모르니까 주의하자.
  2 지진이 일어났을 때 텔레비전은 소용없는 물건이 되므로 보지 말자.
  3 지진이 일어났을 때 자세한 정보를 빨리 얻을 수 있는 라디오를 활용하자.
  4 지진이 일어났을 때 스페어 건전지를 준비하자.

예상 문제 13

> 이번에 새로워진 '어린이 회관'의 안내입니다.
>
> 지금까지는 차가운 콘크리트 건물에 전시품이 죽 늘어서 있을 뿐, 결코 어린이들이 즐길 수 있는 장소라고는 말할 수 없었습니다. 작품을 보고, 설명을 읽고, 머리로 이해하는 것이 아니라, 작품을 직접 만지고 몸으로 느끼면서 즐거워하는 것이, 저희들이 가장 바라는 바입니다.
>
> 그래서 우선 건물을 따뜻함이 있는 목조로 다시 지었습니다. 문과 창을 많이 만들어 외부의 빛과 바람이 충분하게 들어올 수 있도록 설계되어 있습니다. 전시실의 천장에는 마치 진짜 구름이 떠 있는 것 같은 하늘 그림이 그려져 있습니다. 천장에는 커다란 창이 있어서 실제로 하늘을 볼 수 있는 전시실도 있고, 개방적인 분위기를 만들기 위해 마음을 기울였습니다.
>
> 저희들이 가장 고심한 것은 어린이들이 좋아할만한 작품의 선정입니다.
>
> 이번에는 멋진 전시품을 모은 것은 물론 벽에 걸린 작품을 직접 만질 수 있는 전시실도 신설하였고, 작품을 가지고 놀 수 있는 코너도 만들 예정입니다. 곤충실과 온실에서는 어린이들이 곤충이나 화초를 직접 만질 수 있도록 고안했습니다. 매주 목요일에 열리던 '엄마와 함께' 공예교실도 운영할 것이니 꼭 자녀 분들과 함께 참여해 주십시오.

1 지금까지의 '어린이 문화회관'과 달라지지 않은 점은 무엇인가?
 1 건물이 나무로 만들어졌다.
 2 전시품에 손을 대서는 안 된다.
 3 작품을 가지고 놀 수 있는 코너가 있다.
 4 엄마와 아이가 참가하는 공예 교실이 목요일에 있다.

2 어린이 문화회관의 사람들이 제일 고심한 점은 무엇인가?
 1 콘크리트 건물을 목조로 다시 짓는 것.
 2 어린이들이 좋아할 만한 작품을 선정하는 것
 3 어린이들이 작품을 직접 만질 수 있게 하는 것
 4 어린이들이 곤충이나 식물을 만질 수 있게 하는 것

3 어린이 문화회관의 사람들이 가장 바라는 것은 무엇이라고 말하고 있는가?
 1 어린이들이 즐거워하길 바란다.
 2 개방적인 분위기를 느껴주길 바란다.
 3 훌륭한 작품을 모으고 싶다.
 4 어린이와 엄마가 함께 참가하길 바란다.

실전 예상 문제 해석 2 내용 이해 (중문)

예상 문제 14

저는 취미로 그림을 그리고 있습니다. 여행도 무척 좋아하는지라, 여행지에서 그림을 그리는 것은 그 즐거움이 배가 되고 좋은 추억이 됩니다. 물론 순간을 포착한다는 점에서는 사진에 못 미치지만, 한 순간에 작업이 끝나버리는 사진과 달리 천천히 풍경을 감상할 수 있다는 것이 그림의 장점입니다.

그림이라 해 봤자 간단한 스케치(주1)에 색을 칠한 것이지만, 그래도 풍경을 자세히 바라보며 같은 색을 만들어 색칠하기 위해서는 시간이 걸립니다. 사진은 한 장 찍은 순간에 다음 풍경으로 기분이 옮겨가 버립니다. 그 점에서 그림은 여러모로 관찰하고 그리는 것이기 때문에, 눈에 그대로 새겨질 정도로 풍경을 자세히 바라보게 됩니다.

집에 돌아와 그림을 보면 '아름다운 풍경'을 떠올릴 뿐만 아니라, 그 그림을 그리던 순간의 소리나 냄새까지 되살아납니다. 게다가 그림을 그리는 사람이 적으므로 나의 서툰 그림을 칭찬해 준다든지, 풍경을 설명해 주거나, 맛집을 가르쳐 주는 등, 모르는 사람과 이야기하는 것도 좋은 추억이 됩니다.

사진도 좋아해서 몇 장 찍어 오는데, 제가 그린 한 장의 그림이 제게는 더 소중합니다. 그림에다 몇 글자 적어서 친구에게 보내는 경우가 많아 제 곁에는 절반 정도밖에 남아 있지 않지만, 그림을 보고 좋아하는 친구들을 생각하는 것도 제 즐거움의 하나입니다.

주1 스케치 : 사생(sketch)

1 필자는 사진보다 그림이 좋은 점은 무엇이라 하고 있는가?
　1 천천히 풍경을 감상할 수 있다.
　2 집에 돌아와 볼 수 있다.
　3 풍경을 설명할 수 있게 된다.
　4 친구에게 보낼 수 있다.

2 필자는 그림보다 사진이 좋은 점이 무엇이라 하고 있는가?
　1 같은 풍경을 몇 장이고 찍을 수 있다.
　2 그림보다 순간을 포착할 수 있다.
　3 그림보다 아름다운 풍경을 남길 수 있다.
　4 사진을 친구에게 보내면 기뻐한다.

3 필자가 제일 하고 싶은 말은 무엇인가?
　1 그림도 소중하지만, 친구가 더 소중하다.
　2 사진과 달리 그림은 한 장 밖에 없으므로 소중하다.
　3 그림을 그림으로서 여행이 즐거워지고, 좋은 추억을 남길 수 있다.
　4 그림이나 사진, 여행 등의 취미를 하나씩 가져야 한다.

| 실전 예상 문제 해석 | 2 내용 이해 (중문) |

예상 문제 15

원예는 누구나 즐길 수 있는 레크리에이션입니다. 원예 활동을 하면 건강에도 좋고, 정신적으로도 좋고, 주위 사람들의 기분이나 환경도 좋게 합니다.

또한 원예는 장애를 가진 사람들에게도 상당히 유익하다고 해외에서는 이전부터 인정받고 있습니다. 정신적인 장애를 가진 사람도 식물을 돌보는 과정에서 자기 주변의 색깔, 모양, 향기를 접하며, 일하는 자기자신의 몸을 새롭게 인식할 수가 있습니다. 미래에 대한 아무런 관심이 없던 사람도 식물이 언제 싹이 나올까, 언제 꽃이 필까, 다음 계절에는 무엇을 심을까 하는 등 미래에 대한 관심을 가지게 됩니다. 식물을 기르는 것을 학습시킬 수도 있고, 손과 손가락 기능을 회복시키는 데도 아주 효과적입니다. 이렇게 원예는 장애 상태를 개선시키고, 그들이 환경에 적응하며 살아가기 위한 재활치료(주1)에 효과적인 방법입니다.

다만 아직 일본에서는 이런 원예 치료는 국가의 인정도 못 받고, 원예치료사라는 국가 자격 제도도 없습니다. 그래서 저처럼 원예치료사를 평생의 직업으로 삼고 있는 사람은 아직 전국적으로도 셀 수 있을 정도밖에 안됩니다. 그러나 나는 젊은 사람들, 특히 원예 치료에 흥미가 있는 사람은 꼭 원예치료사가 되기를 바라고, 뭔가 보람 있는 일을 찾고 있는 사람들에게도 꼭 도전해 볼 것을 권합니다.

주1 재활 치료 : 사회 생활에 복귀하기 위한 종합적인 치료적 훈련

1 필자는 어떠한 입장의 사람인가?
  1 원예가
  2 정신과 의사
  3 장애를 가진 사람의 가족
  4 원예치료사

2 이 글은 어떤 사람을 대상으로 쓰여진 것인가?
  1 꽃 가꾸기를 좋아하는 일반인
  2 원예로 재활 치료를 하고 있는 사람
  3 원예치료사라는 직업에 관심을 가진 사람
  4 원예치료사로 일하고 있는 사람

3 필자는 원예치료사에 대해 어떤 생각을 가지고 있는가?
  1 원예 활동을 통해 원예치료사도 기분전환이나 건강 관리가 가능하다.
  2 장애자의 재활 치료는 모두 원예치료사에게 맡겨야 한다.
  3 원예치료사를 국가 자격으로 인정해야 한다.
  4 원예치료사는 보람 있는 일이므로 젊은 사람들이 목표로 삼아 주기 바란다.

예상 문제 1

다음 글은 '상담자'의 상담내역과 그에 대한 A와B의 회답이다. 세 개의 글을 읽고, 다음 물음에 대한 대답으로 가장 좋은 것을 1·2·3·4 중에서 하나를 고르시오.

상담자

이전부터 호감을 가지고 있던 남자가 있었습니다. 그 사람과 가까워지고 싶어서, 어떻게 해서든지 그 사람의 휴대전화 메일 주소를 물어봐야지 하고 기회를 엿보고 있던 중, 오늘 우연히도 그 사람이 내 친구와 이야기를 나누고 있는 장면을 발견. ① 이 찬스를 놓쳐서는 안 된다 생각하고, 용기를 내어 두 사람 사이에 끼어들었는데 의외로 대화는 즐겁게 전개되고, 드디어 그 사람의 메일 주소를 받게 되었습니다.
집에 돌아와서 긴장 속에서 그 사람에게 첫 문자를 보냈습니다. 그런데 잠시 후에 그 사람으로부터 딱 한마디, '내일 또'라는 답장이 왔습니다. 이 '내일 또'를 어떻게 해석해야 좋을까요? 더 이상 연락하지 말라는 뜻일까요? 아니면 글자 그대로 '내일 또 연락하라'는 것일까요? 신경이 쓰여서 잠이 오지 않습니다.

회답자 A

아마도 당신은 그 사람과 연락이 가능해진 것에 흥분해서 일방적으로 자기 이야기만 해버린 것은 아닐까요? 전화든지 문자든지 언제나 상대방의 입장을 생각해서 말을 하도록 신경을 씁시다. 또한 당신 쪽에서 이야기를 끝내도록 하는 편이 여운을 남기게 될지도 모르겠네요.

회답자 B

○냐 ×냐로 판단하기에는 너무 이릅니다. 당신은 지금 그에게 빠져 있기 때문에, 그 '내일 또'가 굉장히 큰 의미가 있는 것으로 생각되는 겁니다. 그것을 보낸 상대방이 당신의 친구라고 한다면 글자 그대로 받아들이겠지요. 참고로 만약 내가 그 사람의 입장이었다면 '내일 또'는 호감을 가진 사람에게 사용할 거라 생각합니다. 관심이 없는 사람이라면 그대로 무시하던가, '그럼'으로 끝내 버리리라 생각합니다.

[1] ① 이 찬스란 무슨 찬스를 말하는가?
1. 그에게 좋아한다고 전하는 것
2. 그에게 문자를 보내는 것
3. **그의 메일 주소를 묻는 것**
4. 그에게 '내일 또'라고 말하는 것

[2] 상담자의 상담에 대한 A, B의 회답에 대해 알맞은 것은 어느 것인가?
1. A, B 모두 상담자의 일방적인 대화법을 주의하라고 말하고 있다.
2. A, B 모두 상담자의 착각이므로 고민할 필요 없이 연락해 보라고 말하고 있다.
3. **A는 상담자의 결점을 고치라고 말하고, B를 격려하고 있다.**
4. A는 상담자를 격려하고 있으나, B는 상담자의 결점을 고치라고 말하고 있다.

실전 예상 문제 해석 3 종합 이해

예상 문제 2

다음 글은 '상담자'의 상담과 그에 대한 A, B의 회답이다. 세 개의 글을 읽고, 다음 물음에 대한 대답으로 가장 좋은 것을 1·2·3·4 중에서 하나를 고르시오.

상담자:
　여자친구의 생일선물에 대해서 상담하고 싶은 것이 있습니다. 저는 지금 고등학교 2학년으로 이번에 여자친구가 생일을 맞이합니다. 사귄 지 3개월 정도 되었는데 여자아이와 사귀는 것이 처음이라서 어떤 선물을 해야 좋을지 모르겠습니다. 일단 무난하게 목걸이 등의 액세서리가 좋겠다고 생각하고 있습니다. 고등학생이라 아르바이트도 불가능해서 예산은 최대 4,000엔 정도입니다. 조언을 부탁 드립니다.

회답자: A
　여자친구의 선물만큼 고민되는 것도 없죠. 취향은 사람에 따라 다 각각이라 정말 고민입니다. 첫 선물이라면 당신 말대로 무난하게 목걸이가 좋지 않을까 생각합니다. 또는 팔찌도 괜찮아요. 그런 것이라면 좋아하고 싫어하는 것이 그다지 심하지 않을테니까 선물하면 좋아할 거예요. 목걸이에 다는 것은 여자친구의 탄생석을 고르면 좋을 겁니다.

회답자: B
　무난한 것을 준다고 해도, 당신만이 고를 수 있는 것으로 하고 싶은 거죠? 사귀어온 3개월 동안에 당신 나름대로 얻은 여자친구에 대한 정보가 있을 겁니다. 무엇을 좋아하고, 무엇을 싫어하는지, 어떤 취미가 있고 어떤 취향을 가지고 있는가 하는 당신만이 아는 정보를 활용해서 여자친구가 기뻐할 만한 것을 골라 선물하세요. 그러면 그녀도 자신을 위해서 생각하고 골라준 선물이라는 것을 알아줄 겁니다. 잘하려고 너무 의식하지 말고 당신 나름으로 여자친구의 기분이 되어서 골라주면 되지 않을까요?

---

1 상담자는 어떤 선물을 주려고 생각하고 있습니까?

1　3개월간 사귀면서 알게 된 그녀의 취향에 맞는 것
2　목걸이 같은 액세서리
3　**개인에 따른 취향의 차가 나타나지 않는 것**
4　자신이 아르바이트로 번 돈으로 살 수 있는 것

2 '상담자'의 상담에 대한 A, B의 회답에 관해서 바른 것은 어느 것인가?

1　A, B 모두 여자친구가 좋아할 가능성이 높은 것을 주어야 한다고 말하고 있다.
2　A, B 모두 여자친구를 생각하고 상담자만이 살 수 있는 것을 해야 한다고 말하고 있다.
3　A는 상담자만이 할 수 있는 선물을 하라고 말하고, B는 상담자의 생각에 동의했다.
4　**A는 상담자의 생각에 동의했고, B는 상담자만이 할 수 있는 선물을 해야 한다고 말하고 있다.**

실전 예상 문제 해석 3 종합 이해

 예상 문제 3

다음 글은 상담자로부터의 메일에 대해 친구 A, B의 답장이다. 세 개의 글을 읽고, 다음의 물음에 대한 대답으로 가장 좋은 것을 1·2·3·4 중에서 하나를 고르시오.

상담자

작년 드디어 교원시험에 합격하고, 일도 너무너무 재미있어졌는데, 남자친구가 '유학 가는 프랑스로 같이 가자. 적어도 3년은 그쪽에서 살게 될 거야'라며……. 그 사람과 결혼할 생각이긴 하지만 ①이렇게 갑작스러운 전개가 될 줄이야. 초등학교 교사가 되겠다는 꿈이 이제 막 실현되었는데, 일을 그만두고 따라가야 하나 마나, 너무 고민이야. 나 자신의 꿈도 소중하고 그 사람도 소중하고, 혼자서 아무리 생각해도 결론이 나오지 않네. 어떻게 하면 좋겠니?

친구A

'젊으니까 앞으로도 사람은 얼마든지 만날 수 있어'라고 말하는 사람도 있겠지만, 나는 '이 사람이다' 하는 사람과의 만남은 일생에 한 번뿐이라고 생각해. 두 사람은 너무 잘 어울리는 커플이고, 그렇게 좋은 사람 흔하지 않아. 물론 자신의 꿈이나 일도 소중하지만, 앞으로 같이 살아갈 사람 쪽이 훨씬 더 오래 함께 할 거잖아. 이 사랑은 꼭 소중하게 여겼으면 해. 그 사람 따라가는 게 행복이 아닐까?

친구B

정말 어려운 문제구나. 나도 어릴 때부터 의사가 되는 게 꿈이었고 어렵게 작년에 합격했잖아? 그래서 망설이는 마음 잘 알지. 초등학교 선생이 되겠다는 꿈을 위해 4년간 열심히 공부했잖아. 그 꿈이 실현되었는데 그렇게 쉽게 버리다니, 나라면 절대 못할 거야. 게다가 프랑스 생활이 만족스럽지 못하다면, 그 사람과도 잘못될 수도 있지 않을까?

---

1 ① 이렇게 갑작스러운 전개란 어떤 전개인가?

1. 교원시험에 생각보다 빨리 합격한 것
2. 일이 생각보다 빨리 재미있어진 것
3. **프러포즈 받고 프랑스에 가자는 이야기를 들은 것**
4. 3년간 프랑스에 살게 된 것

2 A와 B의 답장에 대해 바른 것은 어느 것인가?

1. A, B 모두 프랑스에 따라가는 것이 좋겠다고 권하고 있다.
2. A, B 모두 프랑스에 따라가지 않는 것이 좋겠다고 권하고 있다.
3. **A는 프랑스에 따라가는 것이 좋겠다고 권하지만 B는 권하지 않고 있다.**
4. B는 프랑스에 따라가는 것이 좋겠다고 권하지만 A는 권하지 않고 있다.

실전 예상 문제 해석 3 종합 이해

예상 문제 4

다음 글은 '상담자'의 상담과 그에 대한 A, B의 회답이다. 세 개의 글을 읽고 다음 물음에 대한 답으로 가장 좋은 것을 1·2·3·4 중에서 하나를 고르시오.

상담자

저는 식품회사의 사장입니다. 오늘은 우리 ①회사가 안고 있는 문제에 대해 상담이 있습니다. 그것은 어느 정도 일을 하며 실력을 쌓아온 여직원들이 결혼하고 출산을 하게 되면 그만두어 버리는 것입니다. 타사와 비교해서 급여도 나쁘지 않다고 생각하고, 취직활동을 하는 학생들에게도 어느 정도 인기가 있습니다. 실제로 남자사원은 거의 그만두지 않습니다. 그런데 결혼하고 아이가 생기면 대부분 여직원들이 그만두는 것입니다. 법률로 정해진 출산휴가(주1)나, 육아휴가 등도 실시하고 있는데, 왜 그만두는지 모르겠습니다. 우수한 여직원들을 남게 하기 위해서는 어떻게 해야 하겠습니까?

회답자 A

저의 경험으로는 아이는 육아휴가가 끝나도 손이 많이 가므로, 희망하면 저녁 때 일찍 돌아가서 아이를 돌볼 수 있다던가, 월급이 내려가더라도 일하는 시간을 짧게 하는 등, 조금 더 자유롭게 선택할 수 있게 하면 효과가 있으리라 생각합니다. 또한, 그것을 따뜻하게 받아들여 주는 분위기가 없으면 떳떳하지 못한 기분이 들게 되므로 회사내의 사람들의 의식을 바꾸는 것도 중요하겠지요.

회답자 B

내가 아이를 기르면서 힘들었던 것은 아이가 갑자기 병이 나서 보육원(주2)에서 호출이 왔을 때였습니다. 혹시 사내에 보육원 같은 곳이 있다면, 가끔씩 얼굴을 볼 수도 있고, 어디가 아플 때, 잠깐이라도 곁에 있어줄 수 있을 텐데 하는 생각을 얼마나 많이 했는지 모릅니다. 이런 기업의 노력도 중요하고, 회사내의 자녀양육에 대한 의식이 뒤떨어져 있는 것 같은데, 의식 개선도 중요하다고 생각합니다.

(주1) 출산휴가 : 아이를 낳기 위해 회사를 쉬는 것
(주2) 보육원 : 아이를 맡아 주는 곳

---

1 ① 회사가 안고 있는 문제란 어떤 것인가?

1 실력이 있는 여직원이 결혼해서 아이가 생기면 그만두는 것
2 타사에 비해 월급을 충분하게 올려 주지 못하는 것
3 우수하지 않는 남자사원이 그만두지 않는 것
4 취직 활동하는 학생에게 인기가 없는 것

2 '상담자'의 상담에 대한 A, B의 회답으로 가장 적당한 것은 어느 것인가?

1 A는 사내보육, B는 근무시간의 조정을 제안하고, 양쪽 다 사장의 의식을 바꿀 것을 충고하고 있다.
2 A는 근무시간의 조정, B는 사내보육을 제안하고, 양쪽 다 직원들의 의식 개선을 바라고 있다.
3 A, B 모두 근무시간의 조정을 제안하고, 사내의 남자들의 의식에 문제가 있다고 주장하고 있다.
4 A, B 모두 사내 보육을 제안하고, 기업이 법을 제대로 지켜줄 것을 바라고 있다.

예상 문제 5

다음 A와 B는 각각 다른 칼럼이다. A, B 양쪽을 다 읽고, 다음 물음에 대한 대답으로 가장 좋은 것을 1·2·3·4 중에서 하나를 고르시오.

A

요즘 가는 데마다 커피 체인점(주1)이 있고, 젊은 사람을 중심으로 대단히 인기가 있는 모양이다. 그러나 나 같은 옛날 사람은 그런 곳에서 종이 컵이나 특히 디자인 센스 제로의 머그컵으로 커피를 마시고 싶은 생각이 없다. 역시 커피를 즐기기 위해서는 그 나름대로의 분위기가 있어야 한다. 말은 그렇게 하지만, 요즘은 그런 옛날식의 다방을 찾기가 어렵다. 옛날처럼 한 잔의 커피를 아름다운 잔으로 맛보면서 클래식 음악을 즐길 수 있는 곳이 어디에 있는지, 누군가에게 묻고 싶을 정도이다. 앞으로도 체인점은 늘어날 것이니 커피를 맛있게 내리는 방법이라도 배워서 집에서 마실까 생각중이다.

B

커피 매니아인 나는 최근에는 커피 체인점이 늘어나 어디서나 맛있는 커피를 즐길 수 있다는 것을 무척 기쁘게 생각한다. 이전에는 제대로 된 커피를 마시려면 어색하게 격식을 차린 곳 밖에 없었던 것 같다. 게다가 아저씨들이 많아 담배연기 때문에 목과 눈이 따가워 도저히 오래 있을 수 없었다. 옛날식 다방도 나쁘지는 않고, 실제로 중년층을 중심으로 아직도 인기가 있는 것 같으나, 젊은 사람에게는 왠지 불편하다. 체인점은 카운터에서 주문을 하는 것 외에는 누가 말 걸어 올 일도 없이 혼자만의 시간을 만끽할 수 있다는 점도 좋다. 앞으로도 이런 커피점이 더욱 늘어날 것 같다.

주1 체인점 : 서비스 내용 등에 통일성을 갖춘 가게

1 A와 B의 주장으로 바른 것은 어느 것인가?

1 A는 앞으로 다시 옛날식 다방이 인기가 있을 거라고 말하고 있다.
2 B는 체인점 커피는 맛있지만 서비스가 좋지 않다고 말하고 있다.
3 A, B 모두 앞으로 체인점이 더욱 늘어날 것이라고 말하고 있다.
4 A는 집에서 커피를 마시는 것이, B는 여러 스타일의 커피점이 유행할 거라고 말하고 있다.

2 A와 B는 어떤 입장을 취하고 있는가?

1 A는 커피 체인점에 대해 비판적이다.
2 A도 B도 커피 체인점에 대해 비판적이다.
3 A는 커피 체인점도 인정은 하나 옛날식 다방을 좋아한다.
4 B는 옛날식 다방, 커피 체인점 모두 좋아한다.

실전 예상 문제 해석 · 3 종합 이해

예상 문제 6

다음 A와 B는 각각 다른 기사이다. A, B 양쪽을 다 읽고, 다음 물음에 대한 대답으로 가장 좋은 것을 1·2·3·4 중에서 하나를 고르시오.

A

소나 돼지에게 전염(주1)되는 '구제역'으로 불리는 병이 미야자키현내에 퍼지고 있다. 이 바이러스는 전염력이 매우 강해서 구제역에 걸렸을 가능성이 있는 동물은 살처분하도록 법률로 의무화 되어 있기 때문에, 이번에 30만 마리 가까이 그 대상이 되었다. 10년 전 구제역이 퍼졌을 때는 740마리의 소를 죽이는 것으로 전염을 막을 수 있었다. 이번에도 이른 단계에서 대책을 세웠더라면 좀 더 적은 피해로 끝났을 텐데 하는 의견이 나오고 있다. 미야자키현의 송아지는 고기의 질이 좋아서 고급 고기로 알려진 마쓰사카소의 40%가 미야자키에서 태어난다고 하는데, 앞으로 미야자키의 송아지를 구하기 어렵게 되어, 고기의 가격이 올라가는 게 아닌가 하고 염려된다.

회답자 B

소나 돼지 등 발끝의 발톱, 즉 발굽이 둘로 갈라진 동물에 전염된다는 점에서 이름이 붙은 '구제역'이라는 병은 인간에게는 전염되지 않는다. 그러나 이 바이러스는 사람이나 차에 붙어서 퍼질 우려가 있어서, 사람의 이동을 제한한다든가 많은 사람이 모이는 행사를 중지할 필요가 있다. 구제역이 퍼져가는 미야자키현에서는 전염 여부에 관계없이 소나 돼지를 살처분하기로 결정했기 때문에 30만 마리 가까이 도살되고 말 것이다. 소나 돼지를 사육하던 사람들은 애정을 기울여서 기르던 동물들을 도살할 수밖에 없으므로 상당히 괴로울 것이며 생계도 어려워질 것이다. 하루라도 빨리 구제역이라는 병이 사라져서, 사람도 가축도 건강해지기를 기도한다.

주1 전염 : 병이 옮는 것

---

1 A, B 양쪽 기사에서 모두 다루고 있는 내용은 어느 것인가?

1 왜 구제역이라는 이름이 붙었는지
2 10년 전의 구제역에 관한 이야기
3 이번에 도살되는 소나 돼지의 숫자
4 앞으로 육류의 가격이 상승하리라는 것

2 구제역에 관하여 A, B의 필자는 어떤 입장을 취하고 있는가?

1 A는 소비자 걱정을, B는 소나 돼지를 사육하는 사람을 걱정하고 있다
2 A는 병에 걸린 동물을 도살해야 한다고 생각하고, B는 도살하지 말아야 한다고 생각하고 있다.
3 A, B 모두 미야자키현을 걱정하고 있다.
4 A, B 모두 정부의 대책이 늦었다고 비난하고 있다.

실전 예상 문제 해석　4 주장 이해 (장문)

예상 문제 1

　우리들은 사회 속에서 살고 있습니다. 그리고 사회라는 것은 많은 사람이 모여서 수많은 커뮤니티를 형성하고 있다는 사실을 생각하면, 우리들은 좋든 싫든 관계없이 타인과의 관계 속에서 살아가게 됩니다. 혼자서는 결코 아무것도 할 수 없다는 것이 됩니다.

　그 점에서 사회 속에서 살아가는 우리들로서 중요한 것은 타인과의 관계 즉 인맥입니다. 그 인맥 말인데요. 어떻게 하면 좋은 인맥을 만들 수 있을까요?

　①좋은 인맥을 만들기 위해서는 자신의 이익을 우선시하지 말고, 우선 상대에게 자신이 어떻게 공헌할 수 있을지를 생각해서 행동해야 합니다. 자신이 무언가를 얻으려고 다가간다면 상대방도 금방 알아차리게 됩니다. 정말로 앞으로 오래 사귀고 싶은 사람과 알게 된다면, 그 사람을 위해서 자신이 어떤 가치를 제공할 수 있는지를 생각하고 실행하는 것으로 그쳐야 합니다.

　물론 아무리 공헌을 해도 보답(주1)을 기대해서는 안됩니다. 보답을 기대하면 '나는 이렇게 열심히 상대방에게 공헌했는데 상대는 전혀 나를 생각해 주지 않는다'하는 생각이 들어, 신뢰 관계에 금이 가기 일쑤입니다.

　그 사람을 위해서 진심으로 아무런 보답도 기대하지 말고 공헌하도록 합시다. 기브 앤드 테이크(주2)란 말이 있지만, 상대방에게 테이크를 기대하면 관계는 오래 지속되기 어렵습니다. 다만 보통 인간에게는 ②보은성이라는 습성이 있어 무언가를 받으면 특별한 요구가 없어도 보답하고 싶어지게 마련입니다.

　보은성이라는 것은 예를 들면 슈퍼마켓 등의 시식 판매원의 권유로 상품을 먹었을 때 '이렇게까지 해주었는데 안 사면 미안하지'하는 마음이 되는 것입니다. 누구라도 다른 사람으로부터 무언가를 받으면 보답하고 싶어지는 것이 당연한 것입니다.

　그러니까 당신의 공헌에 대해서 보통의 감각을 가진 사람이라면 말하지 않아도 '무언가 보답을 해야겠는데'하는 마음이 되고 언젠가는 당신의 행동도 보상(주3)받는 날이 반드시 찾아 올 것입니다.

　이런 식으로 최종적으로는 기브 앤드 테이크의 관계가 되면서, 신뢰도 깊어져 좋은 인맥을 만들 수 있게 되는 것입니다.

(주1) 보답 : 타인이 자신에게 해준 것에 대한 답례, 그 사람에게 무언가를 해 주는 것
(주2) 기브 앤드 테이크(give-and-take) : 상대에게 이익을 주고 자신도 상대로부터 이익을 얻는 것
(주3) 보상받다 : 제공한 은혜나 노력에 걸맞은 보답을 받는 것

1 필자는 ① 좋은 인맥을 만들기 위해서 먼저 무엇을 해야 한다고 하는가?

1　자신이 상대에게 어떤 공헌을 할 수 있는지 생각한다.
2　자신이 무언가를 얻기 위해 다가간다.
3　어떻게 하면 관계를 지속할 수 있을지 의논한다.
4　상대의 가치관에 자신을 맞추도록 노력한다.

실전 예상 문제 해석   4 주장 이해 (장문)

2 ② 보은성이란 어떤 성질인가?
1 슈퍼마켓 등에서 시식을 하고 싶어하는 성질
2 무언가를 받으면 자연히 보답하고 싶어지는 성질
3 누구라도 남에게 무언가를 받으면 기쁘게 생각하는 성질
4 기브 앤드 테이크 관계를 맺고 싶어하는 성질

3 필자가 이 글에서 가장 말하고 싶어하는 것은 무엇인가?
1 우리들은 좋든 싫든 관계없이 타인과의 관계 속에서 살아가야 한다.
2 열심히 상대방에게 공헌을 해도 타인은 자신을 생각해 주지 않는 경우가 많다.
3 인맥을 두텁게 하기 위해서는 우선 상대에게 보답을 기대하지 말고 주어야 한다.
4 상대에게 다가가기 위해 노력하면 언젠가는 반드시 보상받는 날이 찾아온다.

예상 문제 2

옛날의 일본인에게 '말이 없는 것'은 자연스러운 것이었다. 그러나 '커뮤니케이션의 시대'라고 불리는 현대에는 대화에 의한 의사소통이 서툰 사람은 개인적으로도 비즈니스에서도 뒤처지는 경향이 있다.

① 예전이라면 '말이 없는 타입'의 사람에 대한 평가는 나쁘지 않았다. 스스로 적극적으로 이야기하지 않는 여성은 '품위 있고 겸허하다(주1)'라는 말을 들었고, 남성도 말이 없는 편이 '중후(주2)'한 이미지로 받아들여졌다.

그런데 현대에는 '말이 없는' 것은 '사회적응력의 부족'과 같은 의미로 일컬어지게 되었다. 현대는 '말이 없는' 사람에게는 살아가기 힘든 시대로, '말이 없는 것'이 문제로 간주되게 되었다.

그러면 이런 '말이 없는 타입'의 사람은 어떻게 이 커뮤니케이션 중시 사회를 살아가야 할까?

그 해결법으로 평상시 조금씩이라도 말하는 기회를 늘여가는 것은 어떨까? 예를 들어서 회사에서 타인과의 대화가 서툰 사람은 인사만이라도 해 보도록 하는 것이다. 아침에 출근했을 때, 저녁에 퇴근할 때, 아래를 내려다 보면서 "안녕…… 하세요……" "먼저…… 들어 가겠……"하고 기어들어가는 목소리로 인사를 할 게 아니라, 누군가 한 사람만이라도 좋으니 눈을 보며 "안녕하세요?" "먼저 들어가겠습니다."하고 말해 보자.

인사가 주는 인상은 강력하다. 평상시 대화를 나눌 기회가 적더라도, 기분 좋게 인사를 해주는 사람에 대해서는 나쁜 인상을 품는 사람은 드물 것이다. 거기에 익숙해지면 ② '한바퀴 반 왕복형 인사'에 도전해 보는 거다. "안녕하세요?" "수고하셨습니다." 등의 늘 하는 인사를 나눈 후에, 용기를 내서 한 마디 더 건네보는 거다. "오늘 날씨 참 좋네요." "오늘도 늦으세요?" 이런 식으로.

누구나 주고받는 늘 하는 인사말을 마중물(주3)로 말을 건네면, 비교적 순조롭게 대화가 이루어 질 것이다. '일과로서 매일 계속하면 인사에 대한 긴장감도 풀리고 주위 사람들에게도 말 걸기가 쉬워지지 않을까?

(주1) 품위 있고 겸허하다 : 우아하고 깊이가 있어 겸허하며 마음이 끌리다
(주2) 중후 : 의젓하고 차분한 것
(주3) 마중물 : 어떤 일의 계기가 되는 것

1 ① 예전과 지금은 무엇이 다른가?
   1 사생활에 대한 사고방식
   2 말이 없는 사람에 대한 평가
   3 남성과 여성의 타입 차이
   4 사회적응력

2 ② '한바퀴 반 왕복형 인사'란 무엇인가?
   1 출근, 퇴근시에 하는 인사
   2 기어들어가는 소리로 하는 인사
   3 상투적인 말 다음에 하는 인사
   4 날씨를 묻는 인사

3 필자가 이 글에서 가장 하고 싶은 말은 무엇인가?
   1 현대에는 말이 없는 타입의 사람에 대한 평가가 낮으므로, 그런 사람은 조금씩이라도 말을 하는 노력을 하는 것이 좋다.
   2 현대에는 말이 없는 타입의 사람을 낮춰보는 경향이 있으므로 그것을 개선해서 옛날같이 만들어야 한다.
   3 평상시 대화의 기회가 적어도 기분 좋게 인사를 해주는 사람에 대해서는 나쁜 인상을 품는 사람은 별로 없는 법이다.
   4 말이 없는 타입의 사람은 커뮤니케이션 시대에 적응하기 위해 노력할 필요는 있지만 너무 주위를 의식하지 말고, 여유를 갖고 하면 된다.

예상 문제 3

　나이 값도 못하고 어린이용 게임에 푹 빠지고 말았다. 제일 마음에 드는 것은 애완동물을 기르는 게임이다. 등록을 하면 휴대전화 화면상에 동물이 나타나고, 잘 돌봐주면 차츰 성장을 하게 되어있는 식이다. 돌봐준다 해 봤자 단순히 휴대전화 버튼을 눌러주기만 하면 된다. '식사'나 '운동', '목욕'을 선택하고, 결정 버튼을 계속 눌러준다. 그 중에 애완동물은 차차 여러 가지 것들을 익혀간다. 며칠간 잊어버리고 돌봐 주지 않으면 병이 나거나 죽어버리는 일도 있으므로, 불쌍해서 게임을 도중에 그만둘 수가 없다.
　그런데 마음에 걸리는 것이 '무료로 놀 수 있다'라는 선전문구. 확실히 평범한 보살핌 만이라면 통신료 밖에 들지 않지만, 재주를 훈련시킨다든지 여러 가지를 가르치려 하면 별도 요금이 든다. 공립 학교에 보내는 것보다 유명 사립 학교에 넣고 학원도 보내고 여러 가지를 가르치는 편이 자녀가 성공할 가능성이 높아지는 것과 같은 이치일까? ①그런 현실을 어린이들에게 유사(주1) 체험시키고 있는 거라면 참 서글픈 일이지만, 실제로 이 게임의 세계에서는 돈을 들여서 특별히 보살펴 주지 않으면 절대 해결되지 않는 과제가 몇 개나 있다.

실전 예상 문제 해석　4 주장 이해 (장문)

　그리고 게임에서의 출세 경쟁에 이기기 위해 필요한 돈. 그것은 게임 통화의 형태로 투입되므로 '300엔', '500엔'이라는 식으로 표시되지 않는다. 게다가 휴대전화 화면상의 결정 버튼을 누르는 것만으로 구매가 가능하다. 희박한 현실감과 간편함 때문에 자꾸 사게 되어버려, 나중에 휴대전화 회사에서 온 요금 청구서에 한 달에 몇 만 엔이 가산되어 있음을 깨닫고, 놀라는 경우도 가끔 있다. 이러한 '기본적으로는 무료이지만, 유료부분을 게임 설계에 넣는' 소위 ② 아이템 과금 모델은 최근 휴대 비즈니스 모델의 주류가 되어가는 것 같다.

　그러나 정말 이래도 되는 것일까? 사이트의 첫 화면에는 '무료'라고만 써있고 '유료'라는 문자는 보이지 않는다. 물론 게임 통화를 사기 직전에는 이용규약 등도 표시된다. 그러나 이용자들은 대부분이 10대 전반의 어린이들이다. 실제로 각지의 소비자 상담창구에는 '모르는 사이에 아이가 몇 만 엔이나 게임 통화를 사고 말았다'등의 상담이 들어온다고 한다. 휴대전화 회사나 게임 운용회사는 이제부터라도 주의를 환기(주2)하는 등의 대응을 해야 하지 아닐까?

주1　유사 : 많이 비슷한 것
주2　환기 : 주의, 자각, 양심 등을 불러 일으킴

1　① 그런 현실이란 어떤 것을 말하는가?
1. 보통의 보살핌만이라면 통신료밖에 들지 않는 것
2. 자녀를 성공시키기 위해서 여러 가지로 돈을 쓰는 것
3. 게임의 세계에도 여러 가지 과제가 있는 것
4. 휴대전화의 화면상에 결정 버튼을 누르는 것

2　② 아이템 요금 모델의 구체적인 예는 무엇인가?
1. 게임의 동물을 보살피기 위해 휴대전화 버튼을 누르는 것
2. 재주를 훈련시킨다든지 여러 가지를 가르치려면 별도 요금이 드는 것
3. 특별한 보살핌을 하지 않으면 절대 해결되지 않는 것
4. 화면에' 무료' 라는 글자는 있지만, '유료'라는 글자가 없는 것

3　필자가 이 글에서 가장 말하고 싶은 것은 무엇인가?
1. 성인이 나이를 생각지 않고 휴대전화 게임 등을 안 하는 게 좋다.
2. 휴대전화 게임은 바로 몰두하기 쉬우므로 주의해야 한다.
3. 10대 전반의 어린이가 몇만 엔이나 내고 휴대전화 게임을 하는 것은 문제다
4. 어린이의 이용도 많으므로 휴대전화 게임의 사용료에 대해 확실하게 해야 한다.

예상 문제 4

　나는 영화가 좋아서 영화관에도 자주 가고, 텔레비전에서 하는 영화도 많이 본다. 특히 외국 영화는 스토리가 재미있다는 것 말고도, 경치나 말 등 전혀 다른 세계에 있는 기분이 된다는 점이 좋다. 외국 영화를 볼 때는 더빙(주1)과 자막(주2)이 있는데, 나는 이 더빙이라는 것이 영 마음에 들지 않는다. 녹화한 다음에 기대를 가지고 본 영화가 성우의 더빙으로 된 것이면 실망이 된다. 프랑스 배우는 프랑스어로 한국 배우는 한국어로 말하지 않으면 영화의 세계에 잠길 수가 없기 때문이다.

　나는 대부분의 사람들이 더빙보다는 자막을 좋아한다고 생각했는데, 꼭 ①그런 것도 아닌 것 같다. 영화를 빌리러 대여점에 가보면 인기 있는 영화는 둘 다 준비되어 있다. 확실히 빠른 대사나 재미있는 장면은 더빙 쪽이 자연스럽게 이해 될 것이다.

　번역가 친구한테 들었는데 자막은 기본적으로 한 줄에 10자, 두 줄까지로 정해져 있기 때문에, 표현 가능한 정보량이 30% 정도가 되어버린다고 한다. 확실히 귀로 듣는 편과 같은 속도로 문자를 읽는다는 것은 불가능하고, 문자를 읽는 것에만 집중하게 되어버리면, 배우의 표정 등을 감상할 여유가 없어지므로, ②그것도 어쩔 수 없을 것이다.

　더빙이라면 원어(주3)로 이야기하는 길이와 일본어의 대사를 맞추어야 된다는 점은 있지만, 훨씬 많은 것을 전달할 수 있게 된다. 예를 들면 하나의 장면에 복수의 사람이 말을 해도 상관없고, 식사하면서 보더라도 이야기의 흐름을 놓칠 염려가 없다. 그래서 오후 7시에서 11시까지의 방송은 주로 더빙인 것 같다.

　어쨌든 번역된 것인 이상 자막이나 더빙이나 원작의 미묘한 부분까지 표현하는 것은 어렵다. 그러나 한편으로는 "Here's looking at you kid."를 "그대의 눈동자에 건배"로 번역한 '카사블랑카'의 한 장면처럼 역으로 번역의 힘으로 작품이나 대사가 매력적으로 되는 경우도 있다.

　정보량의 풍부함과 편하게 볼 수 있다는 점을 생각하면 더빙이 좋고, 원어의 분위기를 해치지 않는다는 점에서는 자막이 낫지만, 그 양쪽을 다 만족시킬 수 있는 영화 번역의 방법은 없는 것일까?

(주1) 더빙 : 외국 영화의 대사를 일본어로 번역해서 녹음해 넣은 것
(주2) 자막 : 영화나 텔레비전에서 대사를 문자로 비춰주는 것
(주3) 원어 : 번역한 원래의 외국어

1 ① 그런 것도 아닌 것 같다는 무엇이 그렇지 않다는 것인가?

1　외국 영화는 특히 스토리를 즐길 수 있다.
2　외국 영화는 전혀 다른 세계에 몰입 할 수 있다.
3　자막보다 더빙을 좋아한다.
4　**더빙보다 자막을 좋아한다.**

실전 예상 문제 해석 — 4 주장 이해 (장문)

2 ② 그것도 어쩔 수 없을 것이라고 했는데, 무엇이 어쩔 수 없다는 것인가?
1 자막이 있으면 배우의 표정 등을 감상할 수 없게 되는 것
2 자막이 있으면 문자를 읽는 것에만 집중하게 되어 버리는 것
3 귀로 듣는 것과 같은 속도로 문자를 읽을 수 없는 것
4 자막으로 표현 할 수 있는 대사의 양이 제한되어 있는 것

3 필자는 영화 번역에 대해 어떻게 생각하고 있는가?
1 개인적으로는 자막을 좋아하지만 자막, 더빙 다 장단점이 있다.
2 개인적으로는 더빙을 좋아하지만 자막, 더빙 다 장단점이 있다.
3 양쪽 다 만족시킬 수 있는 영화 자막이 생길 날이 가깝다고 생각한다.
4 양쪽 다 만족시킬 수 있는 영화 자막의 방법은 없다고 생각한다.

 예상 문제 5

일본인은 성실한 국민성을 가지고 있다는 말을 많이 듣는다. 확실히 원래부터 성실한 사람이 많고, '열심히 한다' 라는 생각이 없어도 저절로 열심히 하게 되어, 거꾸로 부담^(주1)이 돼서 긴장한 나머지 실력 발휘를 못하는 경우도 있다

요즘은 약간의 변화가 보이지만, 얼마 전까지는 외국의 올림픽 선수의 인터뷰를 듣고 일본 선수와의 차이에 깜짝 놀라곤 했다. 외국 선수들은 즐겁게 할 수 있어서 좋았다라는 사람이 많고 '즐기다' 는 면에 중점을 두고 있었지만 일본 선수단은 '열심히 하겠습니다.' '응원해주시는 여러분을 위해서 열심히 하겠습니다.' 하고 심각한 얼굴로 말한다. 그런데도 결과는 저쪽이 더 좋으니 정말 왜 그런지 모르겠다.

확실히 우리들은 자기자신에게도 타인에게도 '열심히'라고 자주 말한다. 스포츠 대회 등에서도 선수는 "열심히 하겠습니다" 하고 하고 대부분의 부모는 자녀에게 "열심히 공부해서 좋은 성적을 내거라"라고 말한다. 또한 병이 걸린 사람을 문병 갔을 때에도 "힘내서 빨리 나으세요."라는 말을 하거나 한다.

그러나, 생각해보면 ① 이 말의 의미는 상당히 애매하다는 생각이 든다. 그렇게 생각한 것은 옛날 동료가 교통사고로 평생 걷지 못하게 되어버린 때였다. 그는 곧잘 "다리가 불편해도 힘내야 해"라는 말을 들었지만, 그것은 뒤집어보면 다리가 부자유한 것이 곧 불행이라는 의식이 깔려있는 것으로 생각되었다고 말했다. 다리를 못 쓰게 되어서 불편해지긴 했지만, 그런 말을 들을 때마다 일도 있고 가정도 있고 충분히 행복하게 살고 있는데, 하는 마음이 들었다 한다.

또한 몸이 불편한 어린이에게 교사가 "힘내라"고 수없이 말을 했더니, 그 아이는 이렇게 말했다고 한다. "나는 열심히 하는데 아무리 힘을 내고 있어도 힘내라 라는 소리를 듣는다"라고. 교사는 격려하려는 마음으로 한 말이겠지만 오히려 부담을 주는 역효과였던 것이다.

이와 같이, 확실히 '힘내다'라는 말은 무엇을 어느 정도 어떻게 하면 좋은가가 확실하지 않다. 깊이 생각하지 않고 사용하고 있던 단어이지만, 잘 생각해보면 '힘내다'라는 말은 마음의 여유가 없는 느낌이 들고 ②때로는 무신경(주2)한 느낌이 있다는 점을 깨달았다.

주1 부담 : 정신적으로 강한 압박이 가해지는 것
주2 무신경 : 타인의 감정을 고려하지 않는 것

1 왜 ① 이 말의 의미는 상당히 애매하다는 생각이 든다고 생각했는가?
1. 말을 뒤집어 생각하지 않으면 확실하지 않아서
2. 숨겨진 의미를 생각하지 않으면 오히려 역효과가 되어버리므로
3. **무엇을, 어느 정도, 그렇게 하면 좋을지가 확실하지 않아서**
4. 깊이 생각하지 않으면 알 수 없으므로

2 왜 힘내라라는 말에는 ② 때로는 무신경한 느낌이 있다는 것인가?
1. 자기가 자기에게 말하므로
2. 윗사람이 아랫사람에게 사용하는 말이므로
3. **열심히 하고 있어도 더욱 요구당하는 느낌을 받으므로**
4. 병이나 신체적 결함이 있는 사람에게 사용하는 말이므로

3 '힘내라'라는 말에 대해 필자가 제일 하고 싶은 말은 무엇인가?
1. 좋은 결과가 나오는 일이 많으므로 더욱 많이 사용하는 편이 좋다.
2. 좋은 결과가 나오지 않는 일이 많으므로 사용하지 않는 편이 좋다.
3. 의미가 애매해서 사용하지 않는 것이 좋다.
4. **부담을 주는 경우도 있으므로 잘 생각해서 쓰는 편이 좋다.**

실전 예상 문제 해석

4 주장 이해 (장문)

예상 문제 6

　수목장은 일본의 보통 장례식과도 다르고 묘 또한 다릅니다. 간단히 말해서 나무나 꽃을 심은 밑에 뼈를 묻는 것입니다. 커다란 묘비 대신 나무를 심기 때문에 일반적인 묘지와는 달리 거의 자연의 산의 모습과 비슷합니다.

　수목장을 하는 방법은, 먼저 흙을 1m 정도로 파내고 그 안에 뼈를 그대로 묻습니다. 그리고 그 위에 나무를 심습니다. 보통은 그 산에서 자란 나무를 심지만, 자기 집에서 기르던 나무를 심는 것도 가능하다고 합니다. 나무는 매년 자랍니다. 꽃을 피우는 나무도 있습니다. 그래서 묘를 찾을 때마다 나무나 꽃의 성장을 지켜볼 수도 있습니다. 죽은 사람 대신 새로운 생명이 자라나고 있다는 생각이 들어 처음 그것을 보았을 때는 아주 감동적이었습니다.

　내가 수목장을 하기로 한 것은, 아는 사람의 수목장에 갔던 것이 계기였습니다. 그 전부터 수목장에 대해 듣고 알고는 있었지만, 솔직히 별로 관심이 없었습니다. 그러던 것이, 얼마 전에 친하게 지내던 친구가 세상을 떠나는 것을 보고, 내 자신의 장례식에 대해서 생각하게 되었습니다.

　죽은 다음에 자손이나 가족에게 폐를 끼치고 싶지 않다는 사람이나, 묘지를 지켜줄 사람이 없는 사람, 죽은 다음에는 자연의 흙으로 돌아가고 싶다는 사람까지, 수목장을 선택하는 사람들이 증가했다고 들었습니다. 가족이 없는 나는 피가 섞이지 않은 타인과도 같은 묘지에 들어 갈 수 있다는 점이 가장 마음에 들어, 나와 같은 처지의 친구에게 이야기를 해 보았습니다. 그리고 그 친구를 수목장 산으로 데리고 가서, 지인의 묘에도 함께 갔다 왔습니다. 묘지에 왔다는 느낌보다는 산에 산림욕(주1) 하러 온 것 같은 기분이 든다는 친구의 말을 듣고, 역시 나와 같은 느낌을 받았구나 생각했습니다. 나 역시 나무를 보니까 친구가 자연으로 돌아가 여기에 살고 있는 듯한 기분이 들어, 그를 잃은 슬픔이 옅어진다고 그에게 말했습니다. 그러나 그가 최종적으로 내 생각에 찬성해준 이유는 환경을 생각해서였습니다. 심은 나무가 결국에 자라서 산으로써 지켜주니까 환경에도 좋기 때문입니다. 어찌 됐든 우리들은 ①앞에서 말한 것처럼 묘지보다는 산에 가는 것이 훨씬 좋다는 이유로 이번에 수목장을 신청하게 되었습니다.

주1 산림욕 : 산림으로 들어가 마음의 치유와 상쾌한 기분을 느낀다

1 ① 앞에서 말한 것처럼이란 무엇을 가리키는가?

1　죽은 다음에는 자연의 흙으로 돌아가고 싶다는 것
2　친구가 필자의 생각에 찬성했다는 것
3　산림욕을 한 기분이 든다는 것
4　심은 나무가 산으로서 지켜주어 환경에 좋다는 것

2 필자가 수목장을 하겠다고 결심한 가장 큰 이유는 무엇인가?
   1 장례식과 묘지를 다른 사람들과는 다르게 특이하게 하고 싶어서
   2 죽은 다음에 가족에게 폐를 끼치고 싶지 않아서
   3 혈연관계가 아닌 사람과도 함께 묻힐 수 있어서
   4 나무를 보면 죽음에 대한 슬픔이 덜어지므로

3 필자의 친구도 함께 수목장을 신청하게 된 이유는 무엇인가?
   1 필자의 수목장에 가고 싶어서
   2 필자와 같은 묘에 들어갈 수 있어서
   3 달리 준비해둔 묘가 없어서
   4 수목장은 환경에 좋으니까

실전 예상 문제 해석
5 정보 검색

예상 문제 1

다음은 어떤 콘테스트의 모집 요강이다. 아래 물음에 대한 가장 알맞은 것을 1·2·3·4에서 하나 고르시오.

[1] 이 콘테스트는 무엇을 위해서 개최되는가?
 1 애니메이션 기술을 향상시키기 위해서
 2 일본 애니메이션을 세계에 소개하기 위해서
 3 뛰어난 애니메이션 평론가를 길러내기 위해서
 4 일본 애니메이션이 세계 제일 수준을 유지하기 위해서

[2] 응모 방법으로 옳은 것은 어느 것인가?
 1 3000자 이내로 한 작품에 대해서 쓴다.
 2 어떤 언어라도 좋으나 반드시 가로쓰기를 한다.
 3 4월 말까지 단편과 장편에 응모한다.
 4 일본 애니메이션에 대해서 쓰고 3월 15일까지 보낸다.

제 4 회 애니메이션 평론문 콘테스트

취지·목적

일본 애니메이션은 수준 높은 관객층의 지원에 힘입어 세계 제일을 유지해 왔습니다. 그러나 아직 애니메이션 평론 수준은 그 놀라운 창조력을 쫓아가지 못하는 실정입니다.

평론 활동은 작품과 일반인을 이어주는 가교가 됩니다. 또한 훌륭한 평론 활동은 관객의 안목을 길러줍니다. 창작과 평론은 애니메이션이라는 자동차의 양쪽 바퀴인 셈입니다.

이번에 도쿄재단과 일본 동영상 협회는 뛰어난 애니메이션 평론가의 발굴, 육성을 위해 본 콘테스트를 개최합니다.

여러분들의 많은 응모를 기다립니다.

모집 요강

부문	일반 부문(고교생이하 포함)　　최우수상 1명, 우수상 1명 고교·대학 교원 부문　　　　최우수상 1명, 우수상 1명
상금	최우수상 40만엔, 우수상 15만엔
대상 작품	일본 애니메이션. 장편·단편·작품수는 불문
자수	3,000자 이내
사용 언어	일본어에 한합니다.
복수응모	가능. 단 각 응모작마다 참가 신청서를 첨부해 주십시오.
마감일	3월 15일 필착할 것.
기타	A4 가로쓰기. 펜으로 쓰는 경우는 원고지에 검은 볼펜으로. 투고된 작품(논문)의 저작권은 개최자에게 귀속됩니다. ※응모작은 반환하지 않습니다.
심사결과 발표	4월 말에 입상자에게 직접 통보하고 표창식을 실시합니다.

예상 문제 2

다음은 어느 미술관의 종합 안내이다. 아래 물음에 대한 가장 알맞은 것을 1·2·3·4에서 하나 고르시오.

1 '일반 10명, 고등학생·대학생 10명'의 경우, 입장료는 얼마가 되는가?
   1 17,000엔
   2 16,800엔
   3 **13,000엔**
   4 10,000엔

2 담배를 피우고 싶을 때는 어떻게 해야 하는가?
   1 **미술관 밖으로 나간다.**
   2 담배의 반입이 금지되어 있으므로 피울 수 없다.
   3 지하 1층 화장실에서 피운다.
   4 미술관 내 흡연 코너로 간다.

○△미술관 종합안내

개관시간	오전 10시~오후 5시(입장은 오후 4시 30분까지)
	매주 금요일은 오후 7시까지(입장은 오후 6시 30분까지)
휴관일	매주 월요일(단 월요일이 국경일 및 공휴일인 경우는 개관)
	연말 연시 및 전시물 교체 기간
입장료	일반 1000엔　고등학생·대학생 700엔
	중학생 이하 무료(단 보호자 동반이 필요합니다.)
	※장애인 수첩을 가지고 계신 분은 200엔 할인, 보호자 한 명은 무료입니다.
단체할인	20명 이상의 단체 손님은 200엔 할인된 입장료로 입장할 수 있습니다. 사전에 신청해주십시오.

휠체어를 이용하시는 분께

저희 미술관에서는 휠체어를 대여해 드리고 있습니다. (4대 상비)

미술관에는 다소의 단차(계단 턱)가 있습니다. 미리 양해 바랍니다.

관내에는 휠체어 전용 화장실이 없습니다. 같은 빌딩 지하 1층의 휠체어 전용 화장실을 안내해 드리오니 이용하실 때 말씀해 주십시오.

관람객 여러분께 드리는 부탁

관람객 여러분의 쾌적하게 지내시는 것과 작품에도 조금 더 좋은 환경을 유지하기 위하여 아래의 사항에 대한 협조를 부탁 드립니다.

- 전시품 및 전시 케이스에 손대지 마십시오.
- 전시품을 오손할 가능성이 있는 만년필·붓 등의 사용을 삼가해 주십시오.
- 관내에서는 휴대전화의 전원을 끄거나, 진동으로 설정하고, 통화는 삼가해 주십시오.
- 관내에서 촬영은 금지입니다.
- 관내에서는 금연입니다.
- 음식은 가지고 들어 올 수 없습니다.
- 다른 관람객에게 폐가 되는 행위를 삼가 주십시오.
- 위험물은 가지고 들어 올 수 없습니다.
- 우산은 우산 꽂이에 꽂아주십시오.
- 애완동물은 데리고 들어 올 수 없습니다.(맹도견·개호견·청호견의 동반입장은 가능합니다)

그 외의 사항은 담당자의 지시에 따라 주십시오.

실전 예상 문제 해석   5 정보 검색

예상 문제 3

다음은 미도리 시 도서관의 종합안내이다. 아래 물음에 대한 가장 알맞은 것을 1·2·3·4에서 하나 고르시오.

[1] 평일 22시에 책을 반납할 경우 어떻게 하면 되는가?
1 '자동 대출기'를 이용해서 반납한다.
2 도서관의 '반납 포스트'를 이용해서 반납한다.
3 도서관 창구에 직접 반납한다.
4 책에 도서관 이용카드를 끼워서 도서관 '반납 포스트'에 반납한다.

[2] 처음 이용할 때 필요한 것은 무엇인가?
1 등록 요금
2 주소를 확인할 수 있는 것
3 도서관 이용카드
4 특별히 아무것도 필요하지 않다.

미도리 시 도서관 종합안내

개관 시간　　월요일~토요일　10:00~21:00
　　　　　　일요일·공휴일　10:00~18:00

휴관일　　　매월 마지막 월요일, 설날

처음 이용하시는 분께
- 도서관은 무료로 이용하실 수 있습니다.
- 처음 이용하실 때는 등록이 필요합니다.
- '이용카드 신청서'를 기입하고, 주소 확인이 가능한 것과 함께 창구로 가져오십시오.
- 신청 후, '도서관 이용카드'를 발행합니다. 도서관 이용카드는 시내 여섯 도서관 공통으로 이용 가능한 카드입니다.
- 도서는 시내 여섯 도서관 어느 곳에서나 대출을 받을 수 있고, 어느 도서관이나 반납이 가능합니다.

책을 빌리기 위해서는
- 책과 '도서관 이용카드'를 함께 창구로 가지고 오십시오. 또 각 도서관 내에 있는 '자동 대출기'를 이용해서 스스로 간단히 책을 빌릴 수 있습니다.

책을 반납 할 때는
- 창구로 책을 가져오십시오. ('도서관 이용카드'는 필요하지 않습니다.)
- 도서관이 문을 닫았을 때는 각 도서관에 있는 '반납 포스트'를 이용하십시오.
- CD, 비디오테이프, DVD는 깨지기 쉬우므로 창구에 직접 반납해 주십시오.

대출 기간과 점수
- 도서는 15권(14일간)까지 빌릴 수 있습니다.
- DVD, 비디오테이프, CD는 2개(14일간)까지 빌릴 수 있습니다.

예약에 관하여
- 창구에서 대출 중인 자료를 예약할 수 있습니다.
- 관내의 도서 검색 컴퓨터나 인터넷, 휴대전화로도 예약할 수 있습니다.

이용이 제한되는 경우
- 음주 후의 입장, 낮잠을 위한 좌석 이용, 애완동물이나 대형 짐을 가지고 들어오는 경우, 휴대전화 통화 등, 다른 이용자들에게 폐가 되는 행동은 삼가하여 주십시오. 주의시켜도 듣지 않는 경우는 강제 퇴장시키는 경우도 있습니다.

실전 예상 문제 해석 5 정보 검색

예상 문제 4

다음은 핫 요가 스튜디오 캠페인의 안내이다. 아래 물음에 대한 가장 알맞은 것을 1·2·3·4에서 하나 고르시오.

1 첫 회 체험 레슨 후, 바로 입회하면 어떻게 되는가?
   1 1회 2000엔의 레슨을 500엔에 받을 수 있다.
   2 첫 1개월간은 레슨이 무료다.
   3 2회분의 무료권을 받을 수 있다.
   4 요가 매트를 받을 수 있다.

2 핫 요가를 하지 않는 편이 좋은 사람은 어떤 사람인가?
   1 아토피나 알레르기가 있는 사람
   2 몸 안에 불필요한 물질이 많은 사람
   3 몸이 뻣뻣한 사람
   4 임신한 사람이나 심장에 문제가 있는 사람

화제의 핫 요가를 캠페인 중에 어떠세요?

핫 요가란?

핫 요가란 새로운 타입의 요가로써 실내온도 약 40도, 습도 약 80%의 스튜디오에서 땀을 흠뻑 흘리면서 불필요한 물질을 몸 밖으로 내보내는 효과가 높은 요가로, 아토피나 알레르기에도 효과가 높은 것으로 알려져 있습니다.

캠페인 내용

① 지금이라면, 첫 회 체험 레슨이 평상시 1회 2,000엔에서 500엔으로!

② 첫 회 체험 레슨 당일 입회하시면, 첫 1개월은 무료로 레슨을 받으실 수 있습니다. (입회금 무료.) 당일이 아닌 그 후에 입회를 하시면 2회분의 무료권을 드립니다.

당일 가져오실 물건 체크

1 운동 할 수 있는 상하 복장   2 갈아입을 속옷
3 목욕타월 한 장   4 물 1리터 이상

레슨 시 꼭 필요한 것은 이 네 가지뿐입니다. 운동화나 요가매트는 필요하지 않습니다.

자, 이제 스튜디오로!

예약 시간 15분 전까지 와 주세요. 처음 오시는 분은 먼저 프런트에서 서류를 기입. 그 때 스태프로부터 스튜디오내의 설명을 들으시게 되는데, 모르는 점이 있으시면 얼마든지 질문해 주세요. 계산을 마치고 로커룸에서 옷을 갈아입은 다음, 드디어 레슨이 시작됩니다.

드디어 레슨 체험!

정원은 25명 정도(스튜디오에 따라 나쿱니다)
인스트랙터가 친절하게 지도하므로, 처음 오신 분도 안심하고 레슨을 받으실 수 있습니다. 각자의 컨디션에 맞추고, 무리하지 마시기 바랍니다. 몸이 뻣뻣한 사람도 문제 없습니다.

종료 후는

레슨이 끝나면 샤워 룸으로 가십시오.
돌아가실 때 프런트에서 스태프가 입회 수속 안내와 스튜디오 시스템에 대한 설명을 해 드립니다.

주의점

임산부나 심장에 문제가 있는 분은 심장 박동수를 높일 염려가 있으므로 사양해 주시기 바랍니다.

예상 문제 5

다음은 어린이 책의 신인상 공모이다. 아래 물음에 대한 가장 알맞은 것을 1·2·3·4에서 하나 고르시오.

1 동화를 응모하는 사람이나 그림책을 응모한 사람이 모두 준비해야 하는 것은 무엇인가?
    1 작품 반환을 위한 우표
    2 작품을 복사해 놓을 것
    3 작품을 쓰는 원고지
    4 작품을 응모한 날의 소인

2 다음 중, '어린이 책' 신인상을 받을 가능성이 있는 사람은 누구인가?
    1 작년 '어린이 책' 신인상을 받은 사람
    2 헤이세이 22년(2010년) 12월에 작품을 보낸 사람
    3 그림책의 그림을 복사해서 보낸 사람
    4 동화와 그림책을 모두 보낸 사람

「어린이 책」 신인상

- 구성, 시대 등 주제는 자유입니다.
- 어린이를 대상으로 한 미발표 동화, 창작 그림책[주1]에 한합니다.
- 연령, 성별, 직업, 국적 등의 제한은 없습니다.
- 봉투에 주소, 성명, 전화번호와 동화 혹은 그림책이라고 써서 보내주십시오.
- 동화는 반환하지 않습니다. 필요하신 분은 복사를 해서 보내주십시오.
  (그림책은 대상을 제외하고, 모두 반환해드리오니 봉투에 우표를 넣어주십시오.)

　동화 ： 원고지에 세로 쓰기로 5~10매.
　　　　　HB이상 진한 연필이나 검은 잉크를 사용할 것.

　그림책 ： 철하지 말 것.
　　　　　글은 원고지에 정서하고, 어느 그림에 붙는 것인지 알 수 있도록 쪽 수를 기입해 주십시오.
　　　　　그림은 원화[주2]에 한함.

상금 ： 200만 엔(동화, 그림책 각 1명 씩)
마감 ： 헤이세이 22년(2010년) 8월 30일(당일 소인[주3] 유효)
발표 ： 헤이세이 22년(2010년) 12월 20일

(注1) 그림책 : 그림을 중심을 한 어린이용 책
(注2) 원화 : 실제로 그린 그림
(注3) 소인 : 우체국에서 찍는 접수 날짜 도장

파이널 모의테스트
정답 및 해석

1회
2회
3회

N2

모의 테스트 1회

문제 10 다음 55 에서 59 의 문장을 읽고 뒤에 이어지는 물음에 대한 답으로 가장 알맞은 것을 1·2·3·4에서 하나 고르시오.

> 최근에는 애완동물을 기를(주1) 수 있는 아파트 등도 생겼지만, 오랫동안 아파트에서는 애완동물을 기를 수 없다는 것이 상식이었다. 규칙을 위반하면서 애완동물을 기르던 주민이 아파트 관리조합에 의해 고소를 당해 재판에서 진 경우가 있었던 것처럼, 법은 동물을 기르는 사람에게 엄격하다. 애완동물과 살 권리를 법률로 인정해 달라고 주장하는 사람도 있지만, 그렇다면 애완동물의 버릇들이기(주2)와 만약의 문제가 일어났을 경우의 처리까지 애완동물을 기르는 사람이 모든 책임을 져야 한다고 생각한다.

(주1) 기르다 : 동물을 사육하는 일
(주2) 버릇 들이기 : 교육하는 것

55 필자는 아파트에서 애완동물을 기르는 것에 대해 어떻게 생각하는가?

1 아파트에서는 애완동물 금지하는 것이 좋다.
2 법률은 애완동물을 기르는 사람에게 지나치게 엄격하다.
3 동물을 기르는 사람은 애완동물과 함께 살수 있도록 재판을 걸어야 한다.
4 동물을 기르는 사람은 애완동물에 관한 모든 책임을 져야 한다.

> '로봇' 이라는 말을 만든 카렐 챠펙은 정원을 무척이나 좋아했던 모양으로 '원예가의 열두 달' 이라는 책까지 썼다. 전문가가 읽기에는 재미있는 내용이 아니겠지만, 나는 원예를 좋아하는 사람은 물론 그렇지 않은 사람도 충분히 즐길 수 있는 책이라고 생각한다. 이 책에 나오는 원예가들은 모두 식물을 좋아하는 사람들로 식물에 푹 빠져있다. 머리 속에 식물에 관한 것 밖에 없으므로 그 행동은 다른 사람이 본다면 우습게도(주1) 보이겠지만 그런 모습들이 유머러스하게 묘사되어 있다는 점이 재미있다.

(주1) 골계 : 익살스러운 것

56 '원예가의 열두 달'이라는 책에 대하여 필자는 어떤 생각을 가지고 있는가?

1 로봇에 관해 쓰여진 책보다 재미있다.
2 전문가가 읽는 책이다.
3 원예에 관심이 없는 사람이 읽어도 재미있다.
4 원예가는 모두 식물에 빠져있어서 우스꽝스럽다.

나는 동물을 좋아하지만 우리(주1)에 들어있는 동물을 보면 불쌍하다는 생각이 들어서 동물원에 가는 것은 싫어했다. 하지만 이 동물원은 동물의 자연스러운 모습을 볼 수 있도록 연구를 해놓아 동물들이 활기 넘치는 것이 좋았다. 그 중에도 투명한 수조(주2) 안에서 자유롭게 헤엄치는 펭귄의 모습을 보았을 때는 깜짝 놀랐다. 땅 위에서는 그렇게도 둔하게 움직이던 것이 물속에서는 굉장한 속도로 헤엄을 치는 것이었다. 앞으로 이런 동물원이 좀 더 늘어난다면 즐거운 마음으로 동물원에 갈 텐데 말이다.

(주1) 우리 : 동물을 넣어두는 곳
(주2) 수조 : 물을 담은 커다란 통

57 필자는 동물원에 대해 어떻게 생각하고 있는가?

1 동물들이 불쌍해서 그다지 가고 싶지 않다.
2 동물의 자연스러운 모습을 볼 수 있어서 좋아한다.
3 동물들이 활기가 있어서 보고 있으면 즐겁다.
4 동물원이 더욱 늘어나면 가겠다.

이번에 196자가 새롭게 상용한자(주1)에 추가되었다. 어려운 한자가 많아진 이유는 '쓰는' 시대에서 '치는' 시대가 되었기 때문이라고 한다. 실제로는 쓰지 못하는 어려운 한자도 컴퓨터가 해주는 대로 그대로 사용하는 경우가 많다. 그런 한편, 상용한자에 들어가지 않은 한자 중에는 매(鷹)(주2) 등 히라가나로 쓰기에는 어색한 말도 상당히 포함되어 있다. '鷹揚(주3)に'라는 말도 'おう揚に'라고 쓰는 게 알기 어려울 거라는 생각이 드는데.

(주1) 상용한자 : 일상 사용에 필요한 것으로 선택된 한자.
(주2) 매 : 새 이름
(주3) 응양 : 의젓하고 대범함

58 필자는 이번 상용한자에 관해 어떻게 생각하는가?

1 어려운 한자가 너무 많다.
2 시대의 흐름에 따라야 한다.
3 鷹라는 한자는 상용한자에 들어가야 한다.
4 한자로 쓰고 싶은 글자가 많이 포함되어 있지 않다.

외국에서 온 스모선수(주1)는 일본어를 잘한다. 그것은 어학 (실력)이 숙달하는 조건이 갖추어져 있기 때문이다. 그들은 보통 혼자 일본에 와서 24시간 일본어로 생활하는 환경에 놓인다. 지위가 올라가면 다양한 사람들과 만나 다양한 일본어를 배울 수 있고, 게다가 계속 스모선수로 살아남겠다는 강한 모티베이션(주2)도 가지고 있다. 처음 일본으로 왔을 때는 통역이 필요한데 얼마 지나지 않아 상가에 가서 스스로 일본인에게 말을 거는 등 배우고자 노력하는 그들의 자세도 높이 평가할 수 있다고 생각한다.

(주1) 리키시 : 스모선수
(주2) 모티베이션 : 목적을 의식하는 것

59 필자가 하고 싶은 말은 무엇인가?

1 어학실력의 향상을 위한 조건은 환경, 모티베이션, 배우고자 하는 노력이다.
2 스모선수는 지위가 올라갈수록 일본어를 잘한다.
3 어학을 배우는 환경이 좋으면 누구나 일본어를 잘할 수 있다.
4 외국 출신의 스모선수는 모두 통역 없이 일본어를 한다.

문제 11 다음 60 에서 68 의 문장을 읽고, 각각의 물음에 대한 대답으로 가장 알맞은 것을 1·2·3·4에서 하나 고르시오.

우리 중학교는 로봇 콘테스트에 참가하고 있습니다. 아이디어 승부인 로봇 제작은 너무 재미있어 정신 없이 몰입하게 됩니다.

선생님께서 말씀하신 지금까지의 로봇의 반성할 점은 크고, 무겁고, 동작이 둔하다는 것들이며, 선배들은 상당히 높은 순위까지 올라갔으나 '스피드와 아이디어'에서 다른 학교에 졌다는 것이었습니다.

그래서 우리 팀에서는 콤팩트(주1)하고 움직임이 경쾌한 로봇'을 제작 목표로 팀워크를 작업 목표로 삼았습니다. 재료부터 만드는 것 보다 시간 절약도 되고, 전압 조정이 간단하다는 점에서 컨트롤러(주2)만은 시판되는 것을 사왔지만, 그 밖에는 아이디어를 모아서 직접 만들고, 특허 두 건을 신청해서 하나를 승인받았습니다. 허가를 받을 수 있는 것과 받을 수 없는 것이 있어서 ①특허의 흥미로움도 느꼈습니다.

교내 대회에서 우승하고 꿈에도 그리던 전국대회에 출전하게 되었는데 긴장감 때문이었는지 시합 중에 논쟁을 하는 바람에 지고 말았습니다. 특허까지 따고도 입상을 못해서 너무 아쉬웠지만 이번 일로 협조성(주3)의 중요함을 배우게 되어 다행스럽게 생각합니다. 로봇 제작을 통해 많은 친구들과 교류할 수 있었던 것은 내 인생의 보물입니다.

주1 콤팩트 : 작고 내용이 충실한 모습
주2 컨트롤러 : 기계의 제어장치
주3 협조성 : 서로 양보하며 조화를 꾀하는 것

60 선배들이 시합에서 진 이유로 맞는 것은 다음 중 어느 것인가?

1 로봇의 크기
2 로봇의 중량
3 **로봇의 속도**
4 로봇의 재질

61 필자는 전국대회에서 패한 것에 대해 어떻게 생각하고 있는가?

1 스피드와 아이디어의 차이로 다른 학교에 져서 분하다.
2 콤팩트하고 경쾌한 로봇을 만들었다면 이겼을 텐데 유감이다.
3 팀워크를 중요시하고 있었는데도 시합 중의 논쟁으로 졌다는 것이 유감이다.
4 **진 것을 통해 오히려 협조성의 중요함을 알게 되어 다행스럽다.**

62 필자는 어떤 점에서 ① 특허의 흥미로움을 느꼈는가?

1 중학생도 특허 신청이 가능하다는 것
2 중학생인데도 불구하고 특허를 갖고 있다는 것
3 두 건을 신청해서 한 건이 승인 되었다는 것
4 **허가를 받는 것과 못 받는 것이 있다는 것**

유럽에서는 일본만큼 우산을 가지고 다니지 않지만, 최근 영국 남성들 사이에서 인기 있는 우산이 있습니다. 골프 코스에서 사용하는 것 같은 커다란 우산이 유행하고 있는 것입니다. 영국인은 체격이 커서 큰 우산이 필요한 것은 사실이지만, 박쥐우산(주1)을 손에 들고 걷는 영국신사의 이미지와는 동떨어져 있고, 그런 커다란 우산을 많은 사람이 있는 장소에서 모두 한꺼번에 편다면 서로 방해가 되지 않을까 하고 쓸데없는 걱정을 하고 맙니다. 그러나 걷는 사람의 반 정도는 비가 와도 우산을 쓰지 않고 비를 맞으며 걸어 다니니까, 그런 걱정은 필요 없는지도 모르지요.

한편 여성들은 어떤가 하면 작고 편리한 접는 우산을 가지고 다니는 사람이 많은 것 같습니다.

영국은 비가 왔다 그쳤다를 반복하기 때문에 접이식이 아니면 불편합니다. 접이식이라면 비가 그쳤을 때는 가방에 집어 넣으면 되고 비가 올 것 같은 때만 예비 우산을 넣어서 걸을 때도 편리합니다. 그러나 가끔씩 강한 바람을 동반하는 비가 많은 관계로, 접이식은 망가져 버릴 때가 있어서 곤란합니다. 그래서 저도 며칠 전에 그 유행하는 커다란 우산을 사고 말았습니다.

(주1) 박쥐우산 : 검은 색의 서양식 우산

63 필자는 어떤 사람인가?

1 **영국에 사는 여성**
2 영국에 사는 남성
3 일본에 사는 여성
4 일본에 사는 남성

64 필자가 커다란 우산을 산 이유는 무엇인가?

1 최근 큰 우산이 유행하고 있어서
2 체격이 커서 큰 우산이 필요하므로
3 비에 젖으며 걷는 것이 싫어서
4 **접이식 우산보다 고장이 적을 것 같아서**

65 큰 우산이 유행하는 것에 대해 필자가 걱정하는 것은 무엇인가?

1 남성들 사이에서만 유행하고 여성들에게는 인기가 없는 것
2 체격이 큰 남성은 괜찮지만, 여성에게는 너무 크다는 것
3 **사람이 많은 장소에서 일제히 우산을 펴게 되면 방해가 되지 않을까 하는 것**
4 접이식 우산이 아니면 불편하다는 것

인도네시아에서 만 두 살 된 아기가 하루에 40대의 담배를 피운다는 뉴스가 신문, 텔레비전에서 화제가 되었다. 이 아기는 1년 6개월 때부터 담배를 스스로 피우기 시작해서, 못 피우게 하려던 엄마의 말에 의하면, 아기는 완전히 담배 없이는 못 사는 상태가 되었다고 한다. 주위 사람들이 아기가 담배를 못 피우게 하라고 부모에게 말을 하지만 아버지는 '아이가 건강해 보이니 아무 문제없다'라며 담배를 끊게 하려고 하지 않는다.

인도네시아에서는 3세에서 15세의 어린이 중 25%가 담배를 피운 경험이 있고, 약 3%는 스스로 담배를 피우기 시작한다. 이것은 인도네시아만의 문제가 아니고, 국가의 상태가 안정되지 않은 곳

에서는 어린이가 담배를 피우는 경우도 적지 않다는 보고가 있다. 국가의 상태가 불안정한 것하고 어린이가 담배를 피우는 것의 확실한 관계는 알 수 없지만, 어쩌면 이 어린이들의 아버지는 올바른 교육을 못 받아서, 담배의 무서움이나, 병에 관해서 아무런 지식을 가지고 있지 않을 가능성도 생각해 볼 수 있다. 또한 가난한 나라의 사람들은 병에 걸려도 병원에 가지 않고 방치하는 경우가 많아서, 담배가 원인이 되어 병에 걸렸어도, 죽기 전에 다른 병에 걸려 죽는 가능성이 높아서 담배와 건강과의 관계를 별로 신경 쓰지 않는 것인지도 모르겠다.

66 담배를 피우는 두 살 된 아기에 대해서 부모의 태도는 어떤가?

1 엄마만 아기가 담배를 끊기를 원한다.
2 아버지는 그만두게 하는 방법을 몰라, 아이에게 담배를 끊게 하지 못하고 있다.
3 부모 모두 아기가 담배를 피우는 것에 대해 문제라고 느끼지 않는다.
4 아버지는 담배를 피우면 건강해진다는 잘못된 지식을 가지고 있다.

67 인도네시아에서의 아이의 흡연에 대해 바르게 설명한 것은 어느 것인가?

1 많은 만 두 살 된 아이가 하루에 40대나 담배를 피고 있다.
2 인도네시아에서는 담배를 피워도 건강한 아이가 많다.
3 3세부터 15세의 어린이 중에 약 4분의 1의 아이들이 담배를 피운 경험이 있다.
4 아이들은 담배를 피면 몸에 좋다고 잘못 생각하고 있다.

68 안정되지 않은 국가에서 많은 어린이들이 담배를 피우는 원인에 관해서 필자는 어떻게 생각하고 있는가?

1 국가가 어린이들에게 바른 교육을 했다면 이렇게는 안 되었을 것이다.
2 담배가 몸에 해롭다는 것을 모르는 부모가 많은지도 모르겠다.
3 담배를 피우는 아이를 병원에 데려 가지 않으면, 똑같은 어린이가 늘어난다.
4 가난한 나라 사람들은 죽는 것을 무서워하지 않을지도 모른다.

문제 12 다음의 A, B는 각각의 칼럼이다. A, B 양쪽을 읽고, 다음 물음에 대한 답으로 가장 좋은 것은 1,2,3,4 중 하나를 고르시오.

A

고지엔이라는 사전이 있는데 최신판은 종이사전뿐만 아니라 디지털 기기로도 이용할 수가 있다. 종이사전은 오십음 순으로 되어있어서 한자의 읽는 법을 모르면 찾아 볼 수가 없지만, 컴퓨터라면 직접 한자를 입력해 검색을 할 수도 있고, 설명 내용 중에서 검색(주1)할 수도 있어서 편리하다.

검색 기능과 함께 설명만으로는 알기 어려운 색깔 등도 색견본만 들어 있다면 한눈에 알 수 있고, 새소리나 마쓰리의 동영상 등도 직접 재생시켜 볼 수 있으며 새로운 사건의 업데이트(주2)도 간단하기 때문에 나는 전자사전을 이용하고 있다.

이런 말을 하면 종이사전보다 전자사전이 더 좋다고 생각할지 모르지만, 종이는 종이만의 장점이 있을 것이다. 자기에게 맞는 것을 잘 사용하면 된다고 생각한다.

B

최신판 고지엔은 전자사전에도 들어 있다. 종이와 디지털, 어느 쪽 사전이 좋은가 하는 것은 사용목적이나 얼마나 쉽게 찾을 수 있느냐로 정하면 될 것이다. 젊은 세대는 휴대성이나 검색 기능을 중시해서 전자사전을 사용하는 경향이 있는 것 같지만, 종이사전도 종이만의 좋은 점이 있다. 예를 들면 한 번 찾아보았던 단어에 표시를 한다든지 코멘트를 써 넣는다든지 하며, 오래 쓰는 동안 자기만의 전용 사전이 되어 간다. 수없이 찾다 보면 손에 익어 찾기도 쉬워진다. 전자사전에도 체크를 할 수 있는 것이 나왔다지만, 종이와 같은 애착은 안 생기지 않을까? 나는 그것이 종이와 디지털의 가장 큰 차이라고 생각한다.

(주1) 검색 : 문서나 데이터 중에서 필요한 부분을 찾아내는 것
(주2) 업데이트하다 : 최신 정보를 올리다

[69] 필자A와 필자B의 생각으로 바른 것은 어느 것인가?

1 A, B 모두 종이사전이든 전자사전이든 자기에게 맞는 것을 사용하면 된다고 생각한다.
2 A는 종이보다 전자사전이 뛰어나다고 생각한다.
3 B는 전자사전보다 종이사전이 뛰어나다고 생각한다.
4 A, B 모두 종이사전과 전자사전을 함께 사용해야 한다고 생각한다.

[70] 필자A와 필자B는 각자 어떤 입장을 취하고 있는가?

1 A는 전자사전에 대해 비판적이다.
2 B는 종이사전에 대해 비판적이다.

3 A는 전자사전을, B는 종이사전을 마음에 들어한다.
4 A, B 모두 개인적인 의견은 명확하게 밝히지 않았다.

문제13 다음의 문장을 읽고, 이어지는 물음에 답하시오. 답은 1,2,3,4 중 가장 알맞는 하나를 고르시오.

부모와 자식이 멀지도 가깝지도 않은 적당한 거리에서 따로따로 살고 있는 관계를 '수프가 식지 않을 거리'라고 한다. 수프라는 말로 알 수 있듯이, 이 표현은 서양에서 건너온 것으로, 1960년대에 오스트리아 로젠마이어 등이 사용한 '거리를 둔 친밀함'이라는 표현을 번역한 것이라는 설, 1940년대에 영국의 쉘든이 한 말이라는 등의 설이 있는 것 같다.

그러면 구체적으로 '수프가 식지 않을 거리'는 몇 미터 정도일까? 거기에 대해 일본에서 실험 한 적이 있다고 한다. 그 실험에서는 된장국을 맛있게 먹을 수 있을 정도(65도 에서 70도)가 되기까지 몇 분이 걸리는지를 재고, 걷는 속도와 식기까지의 시간을 계산해서 수치를 뽑았다고 한다. 그 결과 나온 결론은 약 2km. 이것은 쉘든이 생각했던 '걸어서 5분 이내'에 비하면 상당히 멀다.

물론 부모 자식이 서로 적당하다고 느끼는 거리는 사람에 따라 다르므로 '수프가 식지 않을 거리'에는 심리적인 것이 반영되었을 것이다.

'수프가 식지 않을 거리'가 어느 정도라고 생각하느냐는 앙케트 조사에서는 60% 이상의 사람들이 '이웃에 사는 것'이라고 대답하고 있고, 나이가 들수록 '같은 부지 안에 사는 것'이 많아진다. 또한 여성의 경우 30대나 40대의 자녀세대가 생각하는 거리는 먼데, 60대나 70대의 부모세대가 생각하는 거리는 자녀세대가 생각하는 거리의 절반 정도로, 세대 차를 느끼게 한다.

대가족 시대에는 '수프가 식지 않을 거리' 따위는 생각할 필요가 없었다. 그런데 핵가족화(주1)가 진행된 지금은, 멀리 떨어진 고향에 사는 부모와 도시에서 생활하는 자녀가족과의 거리는 도저히 '수프가 식지 않을 거리' 라고는 말할 수 없게 되었다. 연로한 부모를 돌보는 일도 맞벌이 가정의 자녀양육도 '수프가 식지 않을 거리'에 부모가 있어주는 편이 고마운 것이다. 그렇기는 하지만 부모세대의 희망은 '장래는 자녀와 함께 살고 싶다'는 비율이 줄고, '장래에도 따로따로 산다'는 비율이 늘어났다고 한다. 이와 같이 연로한 부모도 자녀와 같이 사는 것을 원하지 않게 된 것이 사실이다. 그러나 그런 한편 독거노인의 죽음이나, 혼자서 남편 혹은 아내의 간병(주2)을 해야 하는 사람이 늘어나는 것이 문제가 되고 있는 것을 생각하면, '수프가 식지 않을 거리'에 사는 것의 장점을 생각하지 않을 수 없다.

(주1) 핵가족 : 부부와 자녀로 이루어진 가족
(주2) 간병 : 노인이나 환자를 돌보는 일

파이널 모의테스트 1회 해석

71 일본에서 실험한 '수프가 식지 않을 거리'에 관해서 맞는 것은 어느 것인가?

1. 수프 대신 된장국이 식지 않을 거리를 쟀다.
2. **수프 대신 된장국을 맛있게 먹을 수 있게 되기까지의 시간을 쟀다.**
3. 실험 결과, 수프가 식지 않을 거리는 걸어서 5분이었다.
4. 사람에 따라 느낌이 다르기 때문에 실험으로는 알 수 없었다.

72 '수프가 식지 않을 거리'에 관한 앙케트 조사 결과로서 바른 것은 어느 것인가?

1. 거리는 약 2km이고, 걸어서 5분 정도의 거리였다.
2. 60% 이상의 사람들이 같은 부지 내에 사는 거리라고 느끼고 있다.
3. 여성의 경우, 자녀세대가 생각하는 거리는 부모세대의 반 정도였다.
4. **여성의 경우, 부모세대가 생각하는 거리는 자녀세대의 반 정도였다.**

73 필자가 제일 하고 싶은 말은 무엇인가?

1. 서양인과 일본인은 '수프가 식지 않을 거리'에 대한 느낌이 상당히 다르다.
2. '수프가 식지 않을 거리'와 '된장국이 식지 않을 거리'는 다르기 때문에 비교할 수 없다.
3. '수프가 식지 않을 거리'에 관한 앙케트 결과는 옛날과 지금이 다르다.
4. **'수프가 식지 않을 거리'의 장점을 재인식해도 좋지 않을까 생각한다.**

문제 14 다음은 버스투어의 팸플릿이다. 아래 질문에 대해 가장 알맞은 것을 1·2·3·4 중에서 하나 고르시오.

74 모든 코스에서 공통되는 것은 무엇인가?

1. 출발 시간이 같다.
2. **출발 장소가 같다.**
3. 도쿄타워에 간다.
4. 식사가 포함되어 있다.

75 가끔은 맛있는 것이라도 먹으며 럭셔리한 당일 여행을 즐기고 싶다. 어느 코스를 신청하면 좋을까?

1. 코스 ①
2. 코스 ②
3. 코스 ③
4. **코스 ④**

도쿄 명소 순례

코스 ①　도쿄 한나절

　요금 : 성인 5,800엔 어린이 3,200엔
　소요시간 : 약 5시간 · 식사 불포함
　출발 : 도쿄역 마루노우치 남쪽 출구에서 오후 1시
　포인트 : 황거 앞 광장 · 아사쿠사 절 · 도쿄타워 등, 시내 일주를 할 수 있습니다.

코스 ②　도쿄 스피드 순례

　요금 : 성인 3,260엔 어린이 1,630엔
　소요시간 : 약 3.5시간 · 식사 불포함
　출발 : 도쿄역 마루노우치 남쪽 출구에서 오후 1시
　포인트 : 황거 앞 광장 · 도쿄타워 등을 도는 단시간 코스입니다.
　　　　　시간적 여유가 없으신 분들께 추천합니다.

코스 ③　도쿄 삼대 명소

　요금 : 성인 7,200엔 어린이 3,600엔
　소요시간 : 약 7.5시간 · 식사 포함
　출발 : 도쿄역 마루노우치 남쪽 출구에서 오전 11시
　포인트 : 황거 앞 광장 · 도쿄타워 · 아사쿠사 절 등을 둘러봅니다.
　　　　　코스①내용에 점심 식사를 추가하고 싶은 분들에게 추천합니다.

코스 ④　제국호텔 뷔페 코스

　요금 : 성인 11,000엔 어린이 6,500엔
　소요시간 : 약 6시간 · 식사 포함
　출발 : 도쿄 역 마루노우치 남쪽 출구에서 오전 11시
　포인트 : 롯폰기 힐즈 전망대 · 도쿄만 크루즈를 마친 다음,
　　　　　뷔페의 창시자 제국호텔에서 우아한 런치.
　　　　　인기코스이므로 신청을 서두르세요.

모의 테스트 2회

문제 10 다음 55 에서 59 의 문장을 읽고 뒤에 이어지는 물음에 대한 답으로 가장 알맞은 것을 1·2·3·4에서 하나 고르시오.

> 오늘로 금연한지 만 10년이 지났습니다. 이 '금연 마라톤'에는 친구의 권유로 참가하였습니다. 좀처럼 담배를 끊지 못하다가 마지막 희망이다 생각하고 참가를 한 것이 바로 엊그제 같습니다. '지금 여기서 담배를 피운다면, 지금까지의 고생이 무의미하게 된다. 아깝다, 아깝다!'하면서, 이렇게 무사히 골인할 수 있었던 것은 메일로 이야기를 들어준 사람들 덕분입니다. 그러나 기쁘고도 곤란한 일은 메일을 하는 시간이 길어졌다는 것입니다.

55 필자는 무엇에 대하여 썼는가?

1 금연에 실패한 것
2 **금연에 성공한 것**
3 앞으로 금연하겠다는 것
4 금연을 위해 마라톤에 참가했다는 것

> 금주(주1)에 성공했다. 금주는 금연처럼 '어쨌든 담배가 피고 싶다' '무슨 일이든지, 우선 담배 한 대 피우고' '담배를 피지 않으면 머리가 안 돌아 간다'고 하는 증상은 없지만, 매일 술을 마시는 것이 습관이 되어 있었기 때문에 저녁때가 되면 왠지 안절부절 못하게 된다. 그럴 때는 뜨거운 커피를 마신다든지, 산책을 나간다든지, 헬스장에서 몸을 움직인다든지 하지만, 밤 여덟 시가 지나면 웬일인지 아무렇지도 않게 된다. 아마도 늘 저녁을 만들면서 마셨기 때문인 것 같다.

주1 금주 : 술을 끊는 일

56 이 사람의 금주의 특징은 무엇인가?

1 금연과 거의 같은 증상이 나타난다.
2 술을 마시지 않으면 담배를 피우고 싶어진다.
3 **밤 여덟 시가 지나면 술을 마시지 않아도 괜찮아진다.**
4 술 없이는 식사를 못한다.

인터넷 이용자의 비율은 시골인 지방도시보다 대도시가 높지만, 최근 수년 동안 이용자 비율의 증가율은 지방도시 쪽이 훨씬 높다. 왜냐하면 지방도시에서는 외출해서 직접 쇼핑을 하거나 각종 예약, 정보수집 등을 하기 어려운데, 인터넷을 이용하면 더 편하고 편리하다는 것을 노인들을 중심으로 한 사람들이 깨닫기 시작했기 때문이다. 인터넷 이용자의 비율도 머지않아 대도시를 앞지르게 될 것이다.

57 위의 내용과 맞는 것은 어느 것인가?

1 대도시보다 지방도시에서 인터넷 이용자의 비율이 높아지고 있다.
2 지방도시에서는 쇼핑이나 각종 예약, 정보 수집 등이 이전보다 어려워졌다.
3 대도시의 노인보다 지방도시의 노인들이 인터넷을 이용하는 비율이 높다.
4 지방도시의 인터넷 이용자의 비율이 대도시를 앞질렀다.

미나미 시청이 다음달부터 시작하는 어린이 무료 영어 회화교실의 안내입니다. 미나미 시에 살고 있는 7세에서 12세까지의 초등학생을 대상으로 무료 영어교실을 개설합니다. 3월 1일 현재 미나미 시에 살고 있으면 미나미 시 이외에 있는 학교에 다녀도 무료로 수업에 참가할 수 있습니다. 단 다른 지역에 살고 있는 초등학생이 미나미 시에 있는 학교에 다니는 경우, 수업 참가는 가능하나 수업료 일부와 교과서 비용이 각각 필요하므로 주의하시기 바랍니다.

58 무료로 영어회화교실에 참가할 수 있는 것은 어느 어린이인가?

1 미나미 시에 살면서, 기타 시의 초등학교에 다니는 12세 어린이
2 히가시 시의 집에서 미나미 시의 초등학교에 다니는 8세 어린이
3 현재 미나미 시 초등학교에 다니며, 3월말에 미나미 시로 이사 올 예정인 10세 어린이
4 미나미 시에 사는 6세 어린이

더운 날씨가 계속되고 있는데 잘 지내시는 지요? 제가 그곳을 떠난 지 마침 한 달이 지났는데, 야마다 씨 가족과 함께 보낸 2개월간이 마치 어제 일처럼 떠오릅니다. 일본에 막 도착해서 긴장하고 있던 저에게 여러 가지로 친절하게 대해 주신 것, 평생 잊지 않겠습니다. 저의 일본 체재도 앞으로 절반 밖에 남지 않았습니다. 조금이라도 더 많은 것을 배우고 귀국하고 싶습니다. 다시 뵐 수 있는 날을 기대하고 있겠습니다.

[59] 이 유학생은, 총 몇 달 동안 일본에 체재하는가?

1　2개월
2　3개월
3　4개월
4　6개월

문제 11　다음 [60] 에서 [68] 의 문장을 읽고, 각각의 물음에 대한 대답으로 가장 알맞은 것을 1·2·3·4에서 하나 고르시오.

　　외국에서 생활한다는 것은 놀라움의 연속이다. 한국에서 살기 시작해서 3년이 지나고, 일본에는 없는 문화나 습관에도 상당히 익숙해진 나이지만 처음에는 믿을 수 없는 일뿐이었다. 그 중에서도 가장 놀란 것은 집을 빌리는 제도이다. 일본에서는 보통 매월 정해진 금액을 집주인에게 지불하는데 한국에서는 처음에 집을 살 수 있을 정도의 거금을 집주인에게 맡겨두고, 매월 집세는 지불하지 않는 제도를 취하고 있는 경우가 많다. 집주인에게 맡긴 돈은 그 집에서 나올 때 전부 돌려 받는다. 결국 집을 빌리는 금액은 무료나 마찬가지다. 처음에는 이 제도가 믿어지지 않았고, 우선 집주인이 신용할 수 없는 사람이라면 어떡하나 해서 걱정되었는데, 익숙해진 지금은 '편리한 제도'라고 생각한다. 그 대신 저금할 수 있으니까.

　　또 하나 놀란 것은 수도요금이다. 내가 살고 있는 빌라라는 타입의 3층 건물에는 열 세대가 살고 있는데 수도국에서 빌라 전체의 합계 금액이 청구된다. 청구서를 본 집 주인이 '1인당 얼마'라고 정해서 가족 수만큼 받으러 온다. 우리 집은 두 사람으로 계산되지만 우리는 둘 다 직장을 다니기 때문에 집에 없는 경우가 많아, 별로 물을 쓰지 않는다. 다른 집의 수도요금까지 부담하는 것 같아 이해가 되지 않지만, 이것도 한국식이라고 체념 할 수 밖에 없겠지.

---

[60] 한국의 집을 빌리는 제도에 대해 필자는 처음에 어떻게 생각했나?

1　그렇게 많은 돈이 있다면 집을 사는 편이 좋다.
2　그런 믿을 수 없는 시스템이 있을 리가 없다.
3　정말 편리한 제도다.
4　신용할 수 있는 사람밖에 집주인이 될 수 없다.

61 수도요금에 관해 필자는 어떻게 생각하고 있는가?

1 한국의 수도요금 제도는 잘못되어 있다.
2 원래대로 하면 자기 집은 수도요금이 훨씬 적을 것이다.
3 모두 같은 금액을 부담해야 평등하다.
4 수도요금을 한국식으로 내는 것은 당연하다.

62 이 글에서 필자가 말하고 싶은 것은 무엇인가?

1 쾌적하게 외국 생활을 하려면 익숙해지든가 체념하고 사는 것이 중요하다.
2 외국에서는 집을 빌리는 돈이나 수도요금 등 금전 트러블에 주의해야 한다.
3 한국은 집에 관한 문제나 트러블이 많으므로 조심해야 한다.
4 한국은 문화나 습관이 일본과 다른 나라이므로 흥미로운 일의 연속이다.

---

①요즘 사람들은 편지를 쓰지 않게 되었다. 요즘 젊은 사람들에게 '편지를 쓴다' 같은 소리를 하면 '고리타분해' '쑥스러워' '귀찮아' 하는 소리가 들려 올 것 같다. 그러나 내가 대학생이던 시절에는 아직 편지를 쓰는 젊은 사람도 많았던 것 같다. 내 책상 속에도 편지를 쓰기 위한 예쁜 편지지와 편지 봉투가 늘 스무 종류 정도는 들어 있었고, 스트레스(주1)를 느낄 때는 편지를 쓰는 것으로 기분을 발산했다. 솔직히 말하면 수취인은 누구라도 상관없었을지도 모르겠는데, 그런 나의 스트레스 발산을 받아주는 친구가 몇 명 있었다. 그 친구들에게는 지금도 감사하고 있다.

편지를 쓰는 대신 등장한 것이 이메일이다. 어른들 중에는 '메일은 마음이 느껴지지 않는다', '사람과 사람의 커뮤니케이션이 아니고 기계적이다.'라며 부정하는 사람도 있다. 그 기분도 모르는 것은 아니지만 그렇게 단정해버리기엔 좀 그렇지 않나 싶다.

지난 번에 ②학생에게서 메일이 왔다. 거기에는 '선생님~ 안녕하세요!?^^ 서는 잘 있어요☆또 뵙고 싶어요!! 또 연락할게요♪^o^'라는 내용이 담겨있었다. 이게 뭐야, 나는 친구가 아니라고! 하며 놀랐지만 나도 모르게 웃어버렸다. 그들에게는 그들의 애정표현이 있는 거다. 이모티콘(주2)이나 특별한 기호를 사용한 문자를 사용하는 젊은 사람들을 뉴스에서 보았을 때 부정적인 감정을 가졌었는데, 실제로 내가 받아보니 제법 반가운 메일이었다.

(주1) 스트레스 : 정신적인 쇼크나 긴장
(주2) 이모티콘 : 그림을 문자처럼 사용하여 기분을 표현하는 것

63 ① 요즘 사람들이 편지를 쓰지 않게 된 것은 무엇 때문인가?

1 편지 쓰는 것이 쑥스러워서
2 대학생 때는 썼지만, 지금은 대학생이 아니므로

3 스트레스 발산 방법이 달리 많이 있어서 편지로 발산할 필요가 없으므로
4 편지가 아닌 다른 방법으로 타인과 연락을 하게 되어서

64 ② 학생은 왜 교사인 필자에게 친구에게 보내는 것처럼 메일을 보냈는가?
1 필자에게 친밀한 마음을 가지고 있으므로
2 필자를 친구로 생각하고 있으므로
3 이모티콘이나 기호를 사용하면 사람 사이의 커뮤니케이션이 되므로
4 자신이 정말 건강하다는 것을 강력하게 전하는데 편리하므로

65 필자는 젊은이들의 이모티콘이나 특별한 기호를 사용한 메일에 대해 어떻게 생각하는가?
1 머리가 나쁜 사람으로 보이므로 하지 않는 게 좋다.
2 젊은이답고 귀엽다.
3 처음에는 안 좋게 생각했지만, 지금은 나쁘지 않다고 생각한다.
4 뉴스가 될 정도로 별난 것이다.

쿨 저팬(Cool Japan)이라는 말을 들은 적이 있는가? 이 말은 일본문화가 국제적으로 평가 받고 있는 것을 말하는데, 주로 만화나 애니메이션, 게임 등의 대중문화(주1)를 가리키는 경우가 많다. 최근에는 ①일본 정부도 움직이기 시작해서, 헬로키티 등 젊은 사람들의 패션으로 대표되는 '귀여운 문화'를 세계로 발신하고자 세 명의 여성을 '귀여운 대사'로 외국으로 파견, 일본문화를 퍼뜨리는 운동을 하고 있을 정도다.

애니메이션이나 게임이라면 도쿄의 아키하바라라는 거리를 연상하는 사람이 많을 것이다. 전자제품 가게가 늘어선 '전자 상가'로 유명한데, 최근에는 만화나 애니메이션 점포가 모여들어, 귀여운 여자 아이들이 메이드 코스프레(주2)를 하고 접객을 하는 '메이드 카페'도 많이 있다. 길을 걷고 있으면 메이드 코스프레를 한 점원들이 눈에 띄는데, 그런 그녀들을 사진으로 찍는 외국인도 적지 않다. 아하, ②이것이 쿨 저팬이구나 하고 감탄하게 된다. 10년 전이라면, 좀 이상한 오타쿠 남자들만의 것이었던 문화가, 지금은 일본 거국적으로 응원하는 어엿한 문화로서 인정받은 것이다. 반 나체 같은 모습을 한 소녀의 일러스트가 그려진 포스터를 보면서 이런 것이 일본문화로 세계에 받아들여지고 있다는 것에 약간의 의문을 갖지 않을 수 없었다.

주1 대중문화 : 대중들에게 널리 사랑 받는 문화
주2 코스프레 : 마음에 드는 캐릭터의 의상을 흉내 내서 입는 것을 가리키는 일본식 영어

読解

66 ① 일본 정부는 일본문화를 세계에 퍼뜨리기 위해, 어떤 노력을 하고 있는가?

1 **애니메이션, 게임 등의 대중문화를 적극적으로 선전하고 있다.**
2 '귀여운 대사'인 여성 3명에게 새로운 일본 문화를 창작시켰다.
3 지금까지 허가하지 않았던 메이드 카페나 코스프레를 공식적으로 인정했다.
4 아키하바라의 거리를 오타쿠의 거리로 바꾸었다.

67 필자는 무엇을 보고 ② 이것이 쿨 저팬이구나 하고 감탄했는가?

1 만화나 애니메이션, 게임 등의 점포가 늘어선 아키하바라의 거리
2 메이드 카페와 거기에서 일하는 코스프레를 한 점원
3 **메이드 코스프레를 한 점원의 사진을 외국인 관광객이 사진 찍거나 하는 모습**
4 오타쿠 남성이 중심이 된 일본 특유의 문화

68 필자는 쿨 저팬에 대해 어떻게 느끼고 있는가?

1 아키하바라의 오타쿠 문화는 일본이 국제적으로 평가 받기 위해 도움이 된다.
2 자신도 적극적으로 일본문화의 확산을 위한 운동을 하고 싶다.
3 아키하바라나 메이드 카페는 최종적으로는 오타쿠들에게밖에 인정되지 않는 것이다.
4 **쿨 저팬 자체는 좋은 것이지만 좀 이상한 부분도 있다고 생각한다.**

문제 12 다음의 A와B는 자녀교육에 관한 글입니다. 두 글을 읽고 다음 물음에 대한 답으로 가장 좋은 것을 1·2·3·4 중에서 하나를 고르시오.

A
　초등학교 저학년 어린이는 부모가 억지로 책상 앞에 앉히는 것은 별로 의미가 없다고 생각합니다. 어려서부터 부모가 시켜서 공부한다는 스타일이 몸에 굳어 버리면, 그 아이가 스스로 공부하는 힘을 잃어버리게 되는 것은 아닐까요? 부모가 아이를 관찰해서, 그림 그리기를 좋아하는 아이라면 예술적인 감성을 길러주면 되고, 뭔가 만드는 것에 흥미를 가진 아이라면 뭔가 하나를 끝까지 해 내는 힘을 길러주면 됩니다. 책상 앞에 앉아있는 것만이 공부가 아닙니다. 생활 속에서도 공부의 소재가 되는 것은 얼마든지 있습니다. 그러므로 이 시기는 공부보다 오히려 심부름을 많이 시키는 것이 좋습니다.

B
　최근에는 초등학교 저학년도 가정에서의 학습지도를 중요시하게 되었습니다. 어느 초등학교에서는 저학년 아이에게 이야기를 듣는 방법이나 발표 방법 등에 필요한 최소한의 '형식'을 익히게

하고, 상급 학년으로 올라감에 따라 조금씩 형식을 벗어버리면서 스스로 생각할 수 있도록 지도하여, 아이들의 자주성을 끌어냅니다. ①그것을 위해 없어서는 안 되는 것이 '가정에서의 학습'이라고 합니다. 이 초등학교에서는 가정용 매뉴얼을 보호자(주1)에게 배포하고, 아이들에게 알기 쉽게 공부를 가르치는 법에 대해 지도하고 있습니다. 자주적이며 계획적인 학습이 가능케 하려면 초기에 학습 기반이나 공부하는 습관을 몸에 배도록 하는 것이 가장 중요합니다. 자녀가 중학생 이후에도 배우는 즐거움을 느끼면서 성장할 수 있도록 먼저 가정 학습의 방법부터 재점검해보는 것은 어떻겠습니까?

(주) 보호자: 부모 등, 미성년자 등을 보호하는 의무를 가진 사람

[69] ① 그것을 위해라는 것은 무엇을 가리키는가?

1 남의 이야기를 잘 듣고 발표를 잘하기 위해
2 '형식'을 확실하게 익히고, 필요할 때 그것을 사용할 수 있게 되기 위해
3 성장함에 따라 자녀가 자주적인 학습이 가능하게 되도록 하기 위해
4 중학생이 되면 지금보다 더 공부를 좋아하게 되도록 하기 위해

[70] A, B의 내용에 관해 바른 것은 어느 것인가?

1 A, B 모두 자녀가 자주적으로 학습하도록 부모가 도와주는 것이 중요하다고 말하고 있다.
2 A, B 모두 보호자가 자녀가 알기 쉽게 공부를 가르쳐 주는 것이 중요하다고 말하고 있다.
3 A는 자녀가 스스로 공부를 시작할 때까지 부모는 아무 소리도 해서는 안 된다고 하고, B는 부모가 적극적으로 자녀에게 공부를 시켜야 한다고 말하고 있다.
4 A는 초등학교 저학년의 자녀에게는 공부를 시키지 말고 집안일을 돕게 해야 한다 하고 B는 초등학생 때부터 장래를 위해 열심히 공부해야 한다고 말하고 있다.

문제 13 다음의 문장을 읽고, 이어지는 물음에 답하시오. 답은 1·2·3·4 중 가장 알맞는 하나를 고르시오.

우리 아버지는 정말 조용한 사람으로 집에서는 있는지 없는지 모를 사람이었다. 그런 아버지를 보고 어린 마음에도 '존재감이 하나도 없는 사람이구나.'하고 생각하곤 했다. 그렇게 존재감이 옅은 아버지였지만 오렌지 색 소방수의 옷을 입고 일을 할 때만은 특별했다.

아버지의 직장에 처음 갔던 때는 초등학교 3학년 때의 '직업 견학' 수업 때였다. 선생님께 이끌리어 동급생(주1)들과 간 아버지의 직장은, 독특한 긴장감이 있었다. 평상시에는 바깥에 나가면 까불고 소리를 지르곤 하던 동급생들도 그 날은 입을 꾹 다물고 심각한 얼굴을 하고 있었다. 소방서의

높은 분이 소방서의 내부와 소방수의 업무 등에 관해 설명한 다음 깜짝 놀랄 일이 벌어졌다. '이 학급에 다나카의 아버지가 여기서 일하고 계십니다.'하며 아버지를 데리고 왔던 것이다. 나는 놀라서 똑바로 선 채로 아버지가 들어오는 것을 바라보았다. 동급생들로 깜짝 놀라며 아버지와 나를 보며 '다나카네 아버지래.' '멋지다.'라는 소리를 했다. 아버지와 눈이 마주친 나는 쑥스러워서 헤헤헤 하고 작은 소리로 웃었다. 아버지도 웃고 있었다. 약간 더러움이 탄 오렌지색 옷을 입은 아버지가 굉장히 멋져 보였다. 아버지를 멋지다고 생각한 것은 그때가 처음이었다. '직업 견학'은 나에게 아주 중요한 것을 ①가르쳐 주었던 것이다.

요즘 아이들은 부모에게 반항적이라고 생각한다. 부모의 말을 듣지 않는 정도가 아니라, 무슨 말을 해도 '시끄러워'하고 말대답을 하고, 그 중에는 '아버지는 더러워'라고 하며 ②아버지를 싫어하는 자녀까지 있다고 한다. 더욱더 놀랄 일은 부모도 자녀를 꾸중하지 않는 경우가 많다는 것이다. 얼마나 한심한 이야기인가. 이런 자녀들의 반항적인 태도는 부모를 존경하지 않는 데서 일어나는 일이 아닐까?

그래서 나는 제안을 하나 하고 싶다. 여름방학이나 겨울방학에 한번 아버지의 직장을 방문시켜 보는 거다. 자기들을 위해서 매일 열심히 일하고 있는 아버지의 모습을 보고 '나도 열심히 해서 부모님을 기쁘게 해야지'하고 생각하지 않는 자녀가 있을까? 아이들은 부모의 등을 보고 자란다. 이것 저것 시끄럽게 말하지 않아도 아버지가 자기들을 위해서 열심히 일하고 있는 모습을 보고 아이들은 자연히 많은 것을 배울 것이다.

주1 동급생 : 같은 학급의 학생

71 ① 가르쳐 주었던 것은 무엇인가?

1 아버지가 일하고 있는 소방서는 독특한 긴장감이 있는 장소였다는 것
2 아버지가 자신의 동급생에게 멋진 존재였다는 것
3 **아버지가 가족을 위해 매일 열심히 일하고 있다는 것**
4 아버지가 일하면서 자녀를 기르는 것은 아주 어렵다는 것

72 필자는 자녀가 ②아버지를 싫어하는 것은 왜라고 생각하는가?

1 **아버지를 존경할 수 없어서**
2 퇴근해서 돌아온 아버지가 지쳐있는 이유를 모르니까
3 무슨 말을 해도 부모가 자신을 꾸짖지 않는다는 것을 알고 있으므로
4 아버지의 직장을 한 번도 본적이 없으므로

[73] 필자가 이 글에서 하고 싶은 이야기는 무엇인가?
1 자기 부모의 직업이 존경 할 수 있는 소방수라는 직업이라서 기뻤다.
2 학교 수업에서 많은 어린이들에게 아버지의 직장을 보여주는 것은 중요한 일이다.
3 어린이들에게 '나도 열심히 해서 부모님을 기쁘게 하고 싶다'는 생각이 들도록 부모도 노력할 필요가 있다.
4 자녀는 부모가 열심히 일하는 모습을 보고 부모를 존경하고, 자연히 많은 것을 배워가는 거다.

문제 14 다음은 항공 회사의 마일리지 기능이 붙은 신용카드의 설명이다. 아래의 물음에 대한 대답으로 가장 알맞은 것을 1·2·3·4에서 하나 고르시오.

[74] 5일 후에 미국 출장을 가게 되어 신용카드가 필요하게 되었다. 가능한 한 연회비가 싼 카드가 좋은데 어느 카드를 신청하면 좋을까?
1 도쿄 항공 마일 카드
2 스카이 항공 마일리지 카드
3 아시안 항공 골드 카드
4 월드 플라이어 항공 골드 카드

[75] 본인(50세)과 가족 3인, 합계 4명분을 신청하고 싶다. 어느 카드를 신청하는 게 가장 싼가?
1 도쿄 항공 마일 카드
2 스카이 항공 마일리지 카드
3 아시안 항공 골드 카드
4 월드 플라이어 항공 골드 카드

도쿄 항공 마일 카드		
카드 발행 소요 일수	연회비(1년간)	연회비(2년~)
약 3주간	1,000엔	1,500엔

· 일본에서 가장 많이 사용되고 있는 도쿄 항공의 편리한 마일리지 카드
· 100엔 당 1마일씩 적립
· 빠른 발행을 희망하는 경우는 직접 카드회사의 접수처로 가면 당일 발행 가능
· 적립된 마일리지를 항공권으로 교환하지 않을 경우, 1마일=1엔의 상품권으로도 교환 가능
· 가족 카드는 무료, 2매까지 발행

스카이 항공 마일리지 카드		
카드 발행 소요 일수	연회비(1년간)	연회비(2년~)
약 1주간	무료	1,000엔

· 연회비도 저렴, 특히 아르바이트생, 주부, 신입사원 등에게 추천
· 통상, 카드 신청에서 발행까지 1주일의 스피드 발행
· 200엔 당 1마일씩 적립
· 스카이 편의점 카드를 사용하면 100엔 당 1 마일 보너스
· 가족 카드 발행 불가

아시안 항공 골드 카드		
카드발행 소요 일수	연회비(1년간)	연회비(2년~)
약 4주간	무료	10,000엔

· 풍요로운 삶을 응원하는 한 단계 수준 높은 신용카드
· 100엔 당 1마일 적립
· 공항 골드카드 회원 전용 특별실 이용 가능
· 만 30세 이상부터 신청 가능
· 빠른 발행을 희망하는 분은 카드회사 접수처로 직접 가면 3일만에 발행 가능
· 가족 카드 1매당 5,000엔으로 발행

월드 플라이어 항공 골드 카드		
카드발행 소요 일수	연회비(1년간)	연회비(2년~)
약 4주간	5,000엔	15,000엔

· 공항 골드 카드 회원 전용 특별실 이용 가능
· 100엔 당 1엔씩 적립
· 만 30세 이상부터 신청 가능
· 월드 플라이어 호텔 도쿄, 월드 플라이어 호텔 오사카 숙박 요금 20% 할인
· 가족 카드 1매당 3,000엔으로 수수료로 발행

모의 테스트 3회

문제 10 다음 55 에서 59 의 문장을 읽고 뒤에 이어지는 물음에 대한 답으로 가장 알맞은 것을 1·2·3·4에서 하나 고르시오.

물질적으로 풍요로워진 요즘 일본에서는 명품이나 물건을 많이 가지고 있는 것은 아무런 자랑거리가 되지 않고, 오히려 남들에게 그다지 현명한 소비자가 아니라는 부정적인 인상을 줄 수도 있다. 사람들의 관심은 많이 사는 것에서, 여행으로 추억을 만든다든지 스포츠를 즐긴다든지 하는 눈에 보이지 않는 것으로 바뀌었다. 텔레비전 광고에서도 '물건보다 추억'이라고 말한다. 명품을 가지고 다니는 것보다 해외여행 등에 돈을 쓰는 사람이 멋지다고 인식되는 시대이다.

55 본문의 내용과 맞는 것은 어느 것인가?
1 이미 명품을 많이 가지고 있으므로 더 이상 사고 싶다는 사람이 적어졌다.
2 물질적으로 만족하고 있으므로, 돈을 쓰려는 사람이 줄어들었다.
3 물건보다 눈에 보이지 않는 경험에 돈을 쓰는 것이 가치가 있다고 생각하는 사람이 늘어났다.
4 해외여행 등에 돈을 쓰지 않으면 현대인으로서 부끄럽다고 느끼는 사람도 많다.

우리 인간은 몇 만년 전부터 자연의 은혜를 의지하고 생활해왔다. 지상에서는 나무에 열린 과일을 따먹고 땅을 일구어 야채나 쌀을 재배했다. 강에서는 물고기를 잡아 먹고 산에서는 동물을 잡아서 먹기도 하고 가죽으로 옷을 만들었다. 또한 나뭇가지를 모아 불을 피우기도 하고 돌로 도구를 만들기도 했다. 모두 귀중한 자연의 은혜. 현재 우리들이 사용하고 있는 전기 등의 에너지도 몇 만년 전부터 지하에 잠자고 있던 한정된 귀중한 자원임을 잊어서는 안된다.

56 이 문장에서 제일 말하고 싶어하는 것은 무엇인가?
1 옛날 사람들은 현대의 우리들보다 자연의 은혜를 잘 이용했다.
2 전기 등의 에너지는 과일이나 야채와 달리 제한된 자원임을 알 필요가 있다.
3 지하의 에너지 자원은 한정된 것이므로 가능하면 지상의 자원을 이용해야 한다.
4 에너지 자원의 소중함을 알고, 절약하며 이용해나가야 한다.

가공식품(주1)을 사면 상자에 '소비 기한'이 표시되어 있는 경우와 '유통 기한'이 표시되어 있는 경우가 있다. 소비 기한이라고 쓰여져 있는 식품은 보통 그 식품이 만들어진 때부터 상해서 먹을 수 없게 될 때까지의 기간이 짧다. 소비 기한이 지나면 갑자기 질이 떨어지고 먹으면 배탈이 나는 경우도 있으므로 기한을 지키는 것이 중요하다. 유통 기한이 표시되어 있는 경우, 기한이 지나도 금방 못 먹게 되는 것은 아니지만, 맛있게 먹기 위해서는 가능한 한 기한을 지키는 것이 좋다.

주1 가공식품 : 사람의 손을 가해서 만든 식품

[57] 유통 기한의 설명으로 바른 것은 어느 것인가?

1 소비 기한이 써있는 식품보다 먹을 수 있는 기간이 짧다.
2 상품에 따라서는 소비 기한과 유통 기한 양쪽이 다 표시되는 경우도 있다.
3 그 식품을 맛있게 먹을 수 있는 기한이 쓰여있다.
4 유통 기한이 지나면 바로 맛이 떨어지므로 먹으려고 하지 않는 편이 좋다.

최근 10년간 눈깜짝할 사이에 IT화가 진행되어 신문이나 책보다도 인터넷에서 많은 정보를 얻는 사람이 늘어났다. i-pad의 탄생에 의해 더욱 그런 경향이 강해졌다. 종이 책이 살아남기 위해서는 가격을 더욱 낮추던가, 반대로 멋진 호화 장정(주1)으로 만들어 사는 사람들에게 '수집의 기쁨'을 주는 등의 연구를 하지 않으면 안 된다는 의견도 있다. 천 년 이상이나 옛날부터 사람들을 즐겁게 해주던 책이 사라져 버릴지도 모른다니 시대가 왜 이렇게 되어 버린 것일까?

주1 장정 : 책 표지 등의 디자인

[58] 필자의 의견과 맞는 것은 어느 것인가?

1 IT화는 조금 더 시간을 들여 추진했으면 좋았다.
2 i-pad는 사람들로부터 책을 수집하는 기쁨을 빼앗아버렸다.
3 책도 시대에 맞추어 가격을 바꾼다든지 장정을 바꾸지 않으며 사라질 위험이 있다.
4 단 10년사이에 천년 이상 읽혀져 온 책이 사라질지도 모른다니, 말도 안 되는 이야기다.

'회사를 정년 퇴직(주1)하면 시골로 이사를 해서 매일 공기가 좋은 곳에서 산책하거나 야채를 기르며 생활하고 싶다'고 생각하는 사람이 많은 것 같다. 그러나 그것은 바른 선택일까? 나이가 들면 하반신도 약해진다. 게다가 당연히 병에 걸리기도 쉬워진다. 제일 가까운 병원이 집에서 차로 30분 걸리는 장소에 있다면, 무슨 일이 있을 때는 불안하다. 편의점이나 은행 등 일상생활에서 많이 이용하는 곳까지 걸어서 다닐 수 없는 것도 고령자(주2)에게는 불편하기 짝이 없는 일일 것이다.

주1 정년퇴직 : 나이가 들어 회사를 그만두는 것
주2 고령자 : 노인

59 필자의 생각과 맞는 것은 어느 것인가?

1 나이가 들면 시골보다는 도시에 사는 것이 편리하고 좋다.
2 시골에 사는 사람은 건강하지 않으면 안 된다.
3 편의점이나 은행이 가까이에 없는 시골에 살 수 있는 것은 젊은이 정도다.
4 시골에 가려면 나이가 들어서가 아니라 젊어서 가야 한다.

문제 11 다음 60 에서 68 의 문장을 읽고, 각각의 물음에 대한 대답으로 가장 알맞은 것을 1·2·3·4 에서 하나 고르시오.

> 현대 사회를 살아가는 우리들은 풍요롭고 편리한 생활을 당연한 것으로 생각하고, 뭔가가 없어서 불편하다고 느끼는 일도 적어졌습니다. 더우면 에어컨의 스위치를 켜고, 어디에 갈 일이 생기면 버스나 전철을 타고, 한밤중에도 배가 고프면 근처 편의점에 가서 빵을 사온다든지 합니다. 그러나 이러한 상태를 당연한 것으로 생각해도 되는 것일까요?
>
> 예를 들어, 우리가 늘 이용하는 것으로 없어서는 안 될 것 중 하나로 물이 있습니다. 생명의 기본이라고도 하고 ①그것 없이 살아갈 수 있는 사람은 없지만, 평상시 우리는 특별히 의식하는 일도 없이 사용하고 있습니다. 수도꼭지를 틀어 물을 마시고, 세탁을 하고 목욕을 하고 수세식 화장실을 이용합니다. 그런데 어느 날 갑자기 이 물을 사용할 수가 없게 되어 어려움을 겪게 되는 경우가 있습니다. 여름의 물 부족(주1) 때나, 지진이 일어나 수도가 끊어지는 경우 등입니다. 수도가 끊어지면 마실 물로 곤란을 겪고 목욕을 못하는 것뿐 아니라, 대부분의 공장이 지금까지의 기능이 불가능해지기 때문에, 그 나라의 경제도 커다란 타격을 입습니다. 이와 같이 그때까지 당연한 것처럼 사용하던 물이 없어지고 나서야 비로소 우리들이 지금까지 당연하게 생각하던 것들의 고마움을 느끼게 되는 것입니다.

(주1) 물 부족 : 오랫동안 비가 내리지 않아 물이 모자라게 되는 일

60 ① 그것은 무엇을 가리키는가?

1 보살핌
2 물
3 생명
4 없어서는 안될 것

読解

61 물이 없어지면 왜 그 나라의 경제도 커다란 타격을 입는가?
1 지진이 일어나게 되기 때문에
2 수도꼭지를 못 쓰게 되니까
3 지금까지 그랬던 것처럼, 공장이 움직이지 않게 되기 때문에
4 당연하다고 여겼던 것이 모두 없어져 버리기 때문에

62 필자가 하고 싶은 말은 무엇인가?
1 우리들은 풍요롭고 편리한 생활을 당연한 것으로 생각하지만, 때로는 무언가가 없어서 불편하다고 느껴보는 경험도 필요하다.
2 지금의 생활이 결코 당연한 것이 아니고, 고마운 것이라는 감사의 마음을 갖고 생활하는 것이 중요하다.
3 물이 없어지면 우리들의 생활에 커다란 영향이 있으므로 평소에 물을 소중하게 생각해야 한다.
4 물은 국가 경제를 크게 움직일 정도의 힘을 가지고 있다.

　세상에는 '나에게 맞는 일을 하고 싶다.'라며 좀처럼 취직하려 하지 않는 젊은이들이 많다. 누구나 자신의 능력을 발휘할 수 있는 곳에서 일하고 싶어하는 것은 당연하다. 그러나 내가 취직활동을 하던 1990년대 말에는 경기가 너무 나빠서, 학생에게 선택할 권리는 없었다. 그래서 나는 우선 눈에 띄는 회사로 연락을 했다.

　면접을 하는 동안 여러 가지 것들을 알게 되었다. 나는 사람과 대화하는 것이 좋아하기 때문에 서비스업이 맞는다고 생각했었는데 면접관(주1)에 따르면 나는 은행이나 공공서의 사무직이 맞는다는 것이었다. 게다가 나 자신을 제멋대로의 인간이라고 생각했는데, 면접 관에게 '당신은 타인과 잘 어울릴 수 있는 타입이네요.'라는 말을 듣고 스스로 생각하는 자신과 다른 사람이 보는 인상과는 상당히 다른 것이구나 하고 놀랐다. 면접시험을 보는 것은 힘들었지만, 정말 ①많은 공부가 되었다고 생각한다.

　결국, 일하는 사람이 활기 있고 즐거워 보이는 것이 중요하다고 생각해서, 지금의 회사에서 일하기로 결심했지만, 동료는 '매일의 생활을 회사에서만 하게 되는 게 싫어서, 제대로 휴가를 받을 수 있을 것 같은 이 회사를 택했다.'고 했다. 확실히 휴가도 잘 나오고, 업무뿐만 아니라 취미 생활이나 공부를 할 수 있는 시간도 충분히 쓸 수 있어 만족하고 있다. 나도 입사 10년 차. 앞으로 더욱 분발하여 나답게 일하게 되었으면 한다.

(주1) 면접관 : 면접을 하는 담당자

파이널 모의테스트 3회 해석

63 요즘 젊은이들 중에는 왜 취직하려 하지 않는 사람이 많은가?
1 자신에게 맞는 일을 하나로만 정하는 것이 어렵기 때문에
2 능력을 발휘할 수 있는 직장을 못 찾기 때문에
3 자신의 능력에 자신이 없기 때문에
4 경기가 너무 나쁘기 때문에

64 ① 공부가 되었다고 하는데 이 사람은 무엇이 공부가 되었다고 생각하는가?
1 면접관의 조언은 정말 도움이 된다고 깨달은 것
2 자신은 사람들과 대화하는 것을 좋아한다고 생각했는데 실은 그런 일에는 맞지 않는다는 것을 깨달은 것
3 자신은 제멋대로의 인간이었지만 여러 회사의 면접을 받는 동안 성장한 것
4 스스로 생각하는 자신과 다른 사람이 본 자신의 인상은 상당히 다르다는 것

65 이 사람은 취직할 때 어떤 생각으로 회사를 선택했는가?
1 자신의 능력을 발휘할 수 있는 회사가 좋다고 생각했다.
2 자신을 채용해 주는 회사라면 어디라도 좋다고 생각했다.
3 사원이 활기 있고 즐겁게 일할 수 있는 회사가 좋다고 생각했다.
4 취미나 공부를 할 수 있는 시간을 충분히 낼 수 있는 회사가 좋다고 생각했다.

　최근 일본에서는 가타카나어가 점점 늘어나, 텔레비전이나 라디오, 신문 등 다양한 곳에서 보게 됩니다. 가타카나어를 '멋지다' '선진적'이라고 생각하는 일본인도 많은 것 같고, 특히 젊은 사람들이 즐겨 사용하는 것 같습니다. 그러나 '가타카나어는 일본어의 훼손으로 이어진다'고 싫어하는 어른들도 적지 않습니다.
　확실히 가타카나어는 정확한 정보가 상대에게 전해지지 않을 가능성이 있기 때문에, 사용할 때는 주의해야 합니다. 특히 노인을 대상으로 하는 복지나 개호(재가 요양) 현장에서는 별로 사용하지 않는 것이 좋습니다. 또한, 공공 기관이나 정치가도 전문적인 가타카나어는 피하고 일반인도 알 만한 단어를 사용하는 편이 좋겠습니다.
　그러나 가타카나어의 증가가 곧 일본어의 훼손으로 이어지는 것이라고 할 수는 없고, 장점도 많이 있습니다. 예를 들면 컴퓨터 용어나, 과학 분야 등의 단어는 무리하게 일본어로 번역하지 말고 가타카나어를 사용하는 편이 간단하고 알기 쉽습니다. 또한 가타카나어는 일본어로 직접적으로 말하는 것보다 이미지를 부드럽게 해주기도 합니다. '일정한 직업이 없는 사람'이라고 하는 것보다 '프리타'라고 말하는 것이 부드럽게 들리지 않습니까? 그러므로 단순히 '가타카나어는 일본어를 훼손시킨다'고 단정할 수는 없는 것입니다.

66 가타카나어는 어떤 점이 문제인가?
  1 젊은이들이 멋지다고 생각해서 가타카나어만 쓰고 싶어한다.
  2 특히 노인들에게는 이해가 어려워, 정보가 정확하게 전달되지 않는 경우가 있다.
  3 텔레비전이나 라디오, 신문 등에서 가타카나어가 범람하고 있다.
  4 공공 기관이나 정치가들이, 전문적인 가타카나어만 쓴다.

67 가타카나어를 일본어로 번역하지 않고 그대로 사용하는 편이 나은 것에는 어떤 것이 있다고 말하고 있는가?
  1 텔레비전이나 라디오에서 자주 사용되는 단어
  2 최근에 생겨난 젊은이들이 쓰는 말
  3 컴퓨터와 관련된 단어나 과학 분야 등의 단어
  4 외국에서 온 직업 이름

68 필자가 제일 말하고 싶어하는 점은 무엇인가?
  1 가타카나어는 장점이 많고, 일본어를 풍부하게 해 줄 가능성이 높다.
  2 가타카나어를 쓰지 말고, 알기 쉬운 일본어를 사용해야 한다.
  3 가타카나어의 증가는, 일본어의 훼손으로 이어지기 때문에 좋지 않다.
  4 가타카나어에는 장단점이 있으므로 잘 가려 써야 한다.

문제 12 다음 글은 상담자로부터의 상담과 그에 대한 A와 B의 회답이다. 세 개의 글을 읽고 다음 물음에 대한 답으로 가장 알맞은 것을 1·2·3·4 중에서 하나 고르시오.

상담자
　초등학교 5학년이 되는 딸이 있습니다. 요즘 매일같이 '휴대전화 사줘'라는 소리를 하는 통에 고민입니다. 딸네 반 아이들은 어떤지 물어보았더니, 절반 가까운 아이가 자기 휴대전화를 가지고 있는 것 같으나, 휴대전화 트러블을 일으키는 아이들도 많아서 걱정입니다. 아이들에게 좋지 않은 사이트를 보게 되는 경우도 있는 것 같고, 실수로 버튼을 잘못 눌러서 비싼 통화요금을 납부하게 되는 경우도 있다고 들었습니다. 방에 틀어박혀 친구하고 전화를 하거나 문자를 보내느라, 가족과의 대화가 없어지는 것도 걱정입니다. 남편은 '이제 5학년이나 되었는데 사 주지 그래?' 하면서 ①저의 마음을 이해해 주지 않습니다.

회답자 A
　저는 자녀에게 휴대전화를 사주는 것에 찬성합니다. 우리 아이는 전철을 타고 학교에 다니고 있는데, 수업이 끝나 학교를 나올 때 전화를 하도록 하고 있습니다. 언제나 부모와 아이가 연락을 할 수 있어서 편리합니다. 또한 아이가 어디 있는지 확인할 수 있는 GPS기능도 붙어 있어서, 친구와 놀러 간다든지 할 때도 안심입니다. 부모가 관리만 잘하면 문제는 일어나지 않을 거라고 생각합니다.

회답자 B

어머니의 걱정, 충분히 이해합니다. 아이가 휴대전화를 사달라고 해도 바로 사주지 말고, 먼저 부모자식 간에 충분히 대화하시기 바랍니다. 무엇에 쓸 것인지, 통화나 문자를 하고 싶은 상대는 누구인가, 요금 납부는 어떻게 할 것인가, 주의하지 않으면 아주 골치 아픈 문제가 된다는 것을 가르쳐주고, 약속을 지키지 않으면 전화를 사용하지 못하게 한다는 정도가 아니면 자녀를 보호할 수 없습니다. 자녀를 확실하게 교육시킨 다음에 사주는 것도 부모가 해야 할 일입니다.

69 ① 저의 마음이란 어떤 마음인가?

1 딸에게는 휴대전화를 사주고 싶지 않다.
2 휴대전화를 갖게 되면 여러 가지 문제가 생기지 않을까 걱정된다.
3 높은 비싼 통화료를 청구 당해도 납부할 수 없어서 곤란하다.
4 남편이 딸에게 휴대전화를 사주는 일에 너무 쉽게 찬성한 것이 싫다.

70 상담자의 상담에 대한 A와B의 회답에 대해서 바른 것은 어느 것인가?

1 A, B 모두, 아이에게 주의를 준 다음 휴대전화를 사 줄 것을 권하고 있다
2 A, B 모두, 휴대전화는 장점도 있지만 단점도 있으므로 주의하는 게 좋다고 말하고 있다.
3 A는 상담자의 걱정에는 동의하지 않고, B는 상담자의 고민에 대해 이해를 표하고 구체적인 조언을 하고 있다.
4 A는 아이에게 휴대전화를 사주는 게 좋다고 하고, B는 아이에게는 사 주지 않는 것이 좋다고 하고 있다.

문제 13 다음의 문장을 읽고, 이어지는 물음에 답하시오. 답은 1·2·3·4 중 가장 알맞는 것을 하나 고르시오.

일본의 유명한 테니스 선수 중에 다테 기미코가 있다. 일본 여자 테니스 선수로서 최초로 세계 탑10에 들어가 최고기록은 세계 랭킹 4위. 1996년, 25세 때에 한 번 은퇴했다가 2008년 37세의 나이로 다시 프로선수로 돌아와 전 일본을 놀라게 했다. 다테 선수의 강인함과 싹싹함, 노력하는 모습에 용기를 얻은 일본인은 많았을 것이다.

読解

다테 선수는 고등학교 졸업 후에 프로 테니스 선수가 되어, 그때부터 10년간 톱 플레이어로서 전세계에서 시합을 했다. 10년이나 되는 긴 시간, 혹독한 훈련을 하고, 세계 톱을 유지할 수 있었던 것은 그녀가 '멀리 보지 않고, 눈 앞에 주어진 일에 필사적으로 매달려 왔기 때문'이라고 한다. 상위 랭킹(주1)을 유지하고 싶다, 아래로 떨어지고 싶지 않다, 질 수 없다고 생각하면 꼭 떨어졌다고 한다. "내가 잘했던 것은 언제나 무리하지 않은 목표를 가져왔다는 것입니다. 예를 들면 지금 세계랭킹 25위라면 다음은 20위 이내에 들어가자, 하고 노력했습니다. 그러면 1년 후에는 대개 자신이 목표로 했던 것과 같은 정도의 랭킹에 들어 갈 수 있었습니다."

시합 전날, 그녀는 잠자리에서 시합을 생각하며 상대가 어떤 식으로 공을 칠 것인가를 생각하며 잤다. 당연히 다음날 시합날 아침은 긴장해서 "일본으로 돌아가고 싶다"고 생각했다. 일본에 돌아가면 많은 관중 앞에서 테니스 시합을 안 해도 된다. 이기는 일도 없지만, 지고 실망하는 일도 없다. 지는 것을 너무 싫어했던 그녀도, 역시 도망치고 싶은 적이 있었다. 그러나 그녀는 도망치지 않았다.

테니스뿐만 아니라 스포츠는 우리들에게 강한 감동을 준다. 다테 선수의 ①멋진 시합은 우리 일본인들에게 커다란 감동을 주었지만, 그녀는 이렇게 말한다. "많은 분들이 저의 시합을 보고 감동했다고 말씀해 주시는데, 그렇게 좋은 시합일수록 아무 생각 없이 공을 치고 있을 때입니다. 의식적으로 '좋은 시합을 하자'하고 생각하고 있을 때는 별로 좋은 경기가 되지 않더라고요."

2009년, 39세의 다테 선수는 13년 만에 일본 랭킹 1위가 되었다. "12년이나 테니스를 쉰 내가 1위가 되는 것은 좋은 일이 아니다."하고 본인은 ②불만스러워했지만, 그녀의 활기찬 모습이 활기가 사라진 일본의 테니스계에 자극을 주어, 앞으로 그녀를 잇는 젊은 선수가 자라나기를 기원한다.

주1 랭킹 : 1위, 2위 등 순위를 매기는 것

71 ① 멋진 시합은 어떤 때 가능힌가?

1 보러 와 준 사람들을 감동시키려고 열심히 했을 때
2 전날 밤 잘 자고, 몸의 상태가 좋았을 때
3 좋은 시합을 하려고 노력했을 때
4 아무 생각 없이 공을 쫓았을 때

72 왜 다테선수는 ② 불만스러워 했을까?

1 별로 시합을 잘하지도 않았는데 1위가 되어서
2 자기보다 젊은 선수들이 더욱 분발하기를 바랐었기 때문에
3 최근의 일본인은 활기가 없어서
4 현재 일본 테니스계에는 자기와 같이 나이든 선수밖에 없어서

파이널 모의테스트 3회 해석

73 다테 선수의 성공 이유는 무엇인가?
1 언제나 주변 사람들에게 감사하는 마음을 잊지 않았으므로
2 높은 목표를 가지고, 10년이나 쉬지 않고 연습을 계속했으므로
3 자신에게 무리가 되지 않는 목표를 세우고, 눈앞에 주어진 일에 최선을 다했으므로
4 시합 전날, 자기 전에 다음 날 시합의 상대선수의 움직임을 상상 했으므로

문제 14 다음 두 장의 카드는 결혼식 초대장이다. 아래의 물음에 대한 답으로 가장 좋은 것을 1·2·3·4 중에서 하나를 고르시오.

74 신부의 언니는 몇 시까지 어디로 가면 되는가?
1 오전 11시까지 도쿄 그랜드 호텔 사쿠라 룸으로 간다.
2 오전 12시까지 도쿄 그랜드 호텔 사쿠라 룸으로 간다.
3 오전 11까지 도쿄 그랜드 호텔 안에 있는 교회로 간다.
4 오전 11까지 도쿄 그랜드 호텔 밖에 있는 교회로 간다.

75 보내온 초대장을 보아 알 수 있는 것은?
1 피로연이 시작되는 시간과 끝나는 시간
2 신랑 신부의 부모님 이름
3 언제까지 출석 여부를 연락하면 되는가
4 신부의 결혼 전 이름

결혼식 안내

신록이 아름다운 행복한 계절이 다가왔습니다.

이번에 저희들은 긴 교제기간을 거쳐 드디어 결혼하게 되었습니다.
평상시 은혜를 입은 여러분들을 모시고 함께 기쁨을 나누고자
간단하지만 결혼식 피로연(주1)을 갖기로 하였습니다.
바쁘시겠지만 부디 참석하여 주시기를 부탁 드립니다.

2011년 4월 길일
스즈키 토모오   오타 유리코

일시   2011년 6월 25일 토요일
피로연   오후 12시부터
장소   도쿄 그랜드 호텔 사쿠라 룸

수고스러우시겠지만, 참석 여부에 관한 연락은
봉투에 넣어서 보내드린 엽서에 기입하여 신랑신부에게 회신해 주십시오.
잘 부탁 드립니다.

가족, 친구 여러분께
피로연에 앞서 교회에서 결혼식을 거행합니다
가까운 여러분들은 꼭 결혼식에도 참가해 주셨으면 합니다.
대단히 송구스럽지만 당일 오전 11시까지 호텔내의 교회로 와 주시기를 부탁 드립니다.

(주1) 피로연: 결혼을 축하하기 위해 손님들을 초대해서 여는 파티

실전 예상 문제 · 파이널 모의 테스트 정답

● PART 1 실전 예상 문제

1	2	3	4	5	6	7	8
3	4	4	4	3	2	2	1
9	10	11	12	13	14	15	16
3	4	2	4	4	3	2	4

● PART 2 실전 예상 문제

1			2			3	
4	3	1	2	2	3	2	4	1

4			5			6		
4	4	2	3	1	2	3	2	4

7			8			9		
2	4	3	3	2	4	1	3	4

10			11			12		
4	2	4	4	4	3	1	3

13			14			15		
4	2	1	1	2	3	4	3	4

● PART 3 실전 예상 문제

1		2		3	
3	3	2	4	3	3

4		5		6	
1	2	3	1	3	1

● PART 4 실전 예상 문제

1			2			3		
1	2	3	2	3	1	2	2	4

4			5			6		
4	4	1	3	3	4	3	3	4

● PART 5 실전 예상 문제

1		2		3	
3	4	3	1	2	2

4		5		
2	4	3	4

● 파이널 모의 테스트 1회

55	56	57	58	59	60
4	3	1	4	1	3
61	62	63	64	65	66
4	4	1	4	3	1
67	68	69	70	71	72
3	2	1	3	2	4
73	74	75			
4	2	4			

● 파이널 모의 테스트 2회

55	56	57	58	59	60
2	3	1	1	4	2
61	62	63	64	65	66
2	4	1	4	1	3	1
67	68	69	70	71	72
3	4	3	1	3	1
73	74	75			
4	1	4			

● 파이널 모의 테스트 3회

55	56	57	58	59	60
3	4	3	4	1	2
61	62	63	64	65	66
3	2	2	4	3	2
67	68	69	70	71	72
3	4	2	3	4	2
73	74	75			
3	3	4